AF244437

ÉCOLES ÉLÉMENTAIRES.

NOUVEAUX TABLEAUX DE LECTURE

COURONNÉS ET ADOPTÉS PAR LA SOCIÉTÉ POUR L'INSTRUCTION ÉLÉMENTAIRE

PAR M. A. PEIGNÉ.

Cette nouvelle Édition, dans laquelle les fautes signalées dans l'errata de la première édition ont été corrigées, est entièrement conforme au manuscrit couronné par la Société pour l'Instruction élémentaire en séance du 24 octobre 1835.

La Société pour l'Instruction élémentaire, usant du droit qu'elle s'est acquis en décernant à l'Auteur de ces Tableaux le prix proposé par elle en 1835, laisse à chacun la liberté de les réimprimer et de les vendre.

(PRIX DE CETTE NOUVELLE ÉDITION : 1 FR. 25 C.)

THÉORIE.

L'écriture étant la représentation de la parole, chaque signe, ou lettre, devrait figurer *uniquement* tel ou tel son, telle ou telle articulation : en d'autres termes, le MÊME SIGNE *devrait avoir toujours la* MÊME VALEUR, et DEUX SIGNES DIFFÉRENTS *ne devraient jamais remplir* LA MÊME FONCTION.

Personne n'ignore que ce principe fondamental est violé à chaque instant dans notre langue écrite : or, c'est uniquement de cette violation que découlent les immenses difficultés qui hérissent l'étude de la lecture. D'où il suit que si dans nos livres le *même signe* avait toujours la *même valeur*, et si *deux* signes différents ne remplissaient jamais la *même fonction*, l'apprentissage de la lecture cesserait d'être une étude longue et pénible, puisqu'il se réduirait en quelque sorte à la connaissance des lettres.

Cette vérité bien évidente, bien positive, et la *nécessité de supprimer* l'ÉPELLATION *par* LETTRES DÉTACHÉES, ont été mon point de départ, la base de ma méthode. — Je n'avais plus dès lors qu'à m'appliquer à présenter à l'élève les lettres dans l'ordre le plus rationnel possible. — Ainsi, je lui fais connaître d'abord les SONS SIMPLES *monogrammes*, c'est-à-dire représentés par *une seule* lettre, comme **A, E, I, O, U**; puis les ARTICULATIONS SIMPLES *monogrammes*, comme **B, C, D**, etc.; puis enfin les SONS SIMPLES *articulés*, c'est-à-dire joints à une *articulation finale inséparable.* — De là, je passe aux SONS SIMPLES *polygrammes*, c'est-à-dire représentés par *plus d'une lettre*, comme **EU, OU, UN, IN**, et aux ARTICULATIONS SIMPLES *polygrammes*, comme **CH, GN, ILL**. J'arrive enfin aux SONS *composés* et AUX ARTICULATIONS *composées*. — Là se termine la lecture selon une *orthographie régulière*; là aussi devrait se terminer l'étude de la lecture, si, autant par intérêt pour l'enfance que par amour-propre national, on se décidait enfin à supprimer de notre langage écrit toutes ces bizarreries, toutes ces superfétations qui surchargent encore, d'une manière si ridicule, notre système graphique. — Le temps a déjà fait justice d'une foule de ces déplorables anomalies : ne pourrait-on pas seconder un peu le temps, et en accélérer la marche?

La deuxième partie de ma méthode comprend l'*orthographie irrégulière*. C'est ici surtout qu'une classification méthodique et claire tout à la fois devenait aussi nécessaire qu'elle offrait de difficultés. J'ai la confiance que mes efforts, pour arriver à ce but, n'auront pas été tout à fait stériles.

Toutes les bizarreries, toutes les inconséquences graphiques, je les ai comprises sous ces quatre dénominations : *Valeurs exceptionnelles, Nouveaux signes, Signes équivalents, Lettres nulles.*

Ici, comme dans la première partie, je procède par *sons* et par *articulations*: par *lettres*, par *mots*, et par *phrases* : c'est toujours la même marche, la même uniformité. — Et remarquez que les progrès, dans cette seconde partie, doivent être de beaucoup plus rapides que dans la première; car, par cela seul que les élèves savent déjà lire *couramment*, toutes ces difficultés qu'on leur fait étudier maintenant ne sont plus qu'un amusement pour eux. L'expérience a prouvé, du reste, la vérité de cette assertion.

J'aime à croire que l'on voudra bien reconnaître qu'il était difficile de concevoir une disposition plus méthodique, plus rationnelle, par conséquent plus simple et plus claire que celle que j'ai adoptée, puisque, procédant par degrés et d'une manière toujours uniforme, je conduis l'élève du connu à l'inconnu, du simple au composé. — Les résultats obtenus par trois années d'expérience sont un sûr garant de ceux que l'on obtiendra de cette méthode, aujourd'hui surtout que j'y ai introduit des modifications aussi nombreuses que satisfaisantes.

PRATIQUE.

DIVISIONS DE LA MÉTHODE. — La Méthode se divise en *deux* parties :

Orthographie RÉGULIÈRE, *Orthographie* IRRÉGULIÈRE.

Orthographie *régulière* : — CINQ *classes.*

———— *irrégulière* : — CINQ *classes.*

(La *huitième classe* comprend la *lecture courante*.)

PROCÉDÉS. — Chaque tableau contient *trois* procédés. Ils sont formulés le plus simplement possible. On remarquera en outre que les procédés des tableaux de *lettres* sont toujours les mêmes à très peu de chose près. Cette observation s'applique également aux tableaux de *syllabes*, de *mots* et de *phrases*. Cette uniformité simplifie singulièrement les difficultés de l'application.

COMPOSITION DES TABLEAUX. — *Syllabes.* Je n'ai fait entrer dans les tableaux de syllabes que celles qui se rencontrent dans les mots de notre langue. — *Mots.* Autant que cela m'a été possible, j'ai choisi les mots les plus usuels et les plus faciles à comprendre. — *Phrases.* Je n'ai pas cru devoir faire lire des phrases offrant un sens suivi, c'est-à-dire un récit, une histoire : cela m'eût été presque impossible, surtout pour les cinq premières classes, puisque je n'avais, jusqu'à la sixième classe qu'un très petit nombre de mots à ma disposition. J'ai préféré adopter une marche uniforme : je fais d'abord lire des substantifs (c'est en quelque-sorte une suite au tableau précédent); puis un substantif accompagné d'un adjectif; puis deux substantifs unis par une préposition ; puis enfin de petites phrases offrant un sens complet. Par ce moyen, je fais reparaître à chaque instant les difficultés que l'élève étudie : c'est ainsi qu'il se les rend bientôt familières.

RÈGLES DE LECTURE. — Il est indispensable, pour faire lire conformément aux principes de cette méthode, que les maîtres possèdent bien les règles qui suivent : elles leur seront d'un grand secours dans la pratique. Ils feront bien, par conséquent, de les faire connaître aux moniteurs.

1° Les articulations n'ont aucune valeur *sonnante*: elles n'indiquent que les mouvements exécutés par les organes de la parole. — Les articulations se prononcent toujours : BE, QUE, DE, FE, GUE, ACHE, JE, KA, LE, ME, NE, PE, QU, RE, SE, TE, VE, CSE, ZE, alors même qu'elles ont une valeur exceptionnelle.—OE, Y, PH, se prononcent *o é, i grec et f*.

2° Les articulations P, T, F, S, C, CH sont appelées *fortes;*

Les articulations B, D, V, Z, G, J, sont appelées *faibles*.

3° On ne parle que par syllabes. La plus longue syllabe ne peut avoir jamais que *deux* éléments : l'articulation et le son. — Ainsi VA se divise V-A; la syllabe **POUR**, P-OUR; la syllabe **PLOMB**, PL-OMB. C'est là notre seule manière d'ÉPELER *en lisant*.

4° Il y a dans un mot autant de syllabes qu'il y a de sons dans ce mot. Il y a cinq syllabes dans *U-NI-FOR-MI-TÉ*.

5° Une articulation entre deux sons appartient au *dernier* son : *A-MI*.

6° Deux articulations entre deux sons appartiennent, la 1ʳᵉ au 1ᵉʳ son, la 2ᵉ au 2ᵉ son, c'est-à-dire que l'on *coupe* entre les deux articulations: *AR-ME*.

7° Dans l'intérieur d'un mot, une syllabe commence ordinairement par une articulation : *VO-LU-BI-LI-TÉ*.

Méthode de Lecture de la Société pour l'Instruction Élémentaire, par M. PEIGNÉ.

Chez CH. FOURAUT, Libraire-Éditeur, rue Saint-André-des-Arts, 47.

Paris. — Typ. Morris et Comp., rue Amelot, 64.

ÉCOLES ÉLÉMENTAIRES. — *LECTURE.*

1re Classe. SONS SIMPLES *MONOGRAMMES.* **N° 1.**

LETTRES.

1er Procédé. Le Moniteur indiquera, avec sa baguette, chaque lettre *en la nommant,* de cette façon : Le Moniteur : « Premier ! A. » — L'Élève : « A. » Le Moniteur : « Suivant ! E. » — L'Élève : « E. » ; et ainsi de suite. (Si l'Élève se trompe, le Moniteur dit : « Suivant ! »)

a e é è i o u

A E É È I O U

â ê î ô û

2me Procédé. Le Moniteur indiquera une lettre *sans la nommer.* L'Élève la nommera de cette façon : Le Moniteur : « Premier ! » L'Élève : « A. » Le Moniteur : « Suivant ! » L'Élève : « I ; » et ainsi de suite. (Lorsque toutes les lettres auront été lues dans l'ordre où elles sont placées, le Moniteur ira d'une lettre à une autre sans suivre aucun ordre.)

a i o è u a e

u ê a o é i û

e u o î a è ô

3me Procédé. Le Moniteur demandera une lettre *sans la montrer :* l'Élève la montrera avec la baguette, de cette façon : Le Moniteur : « Montrez A. » — L'Élève indique la lettre A. — Le Moniteur : « Suivant ! montrez O. » L'Élève indique la lettre O ; et ainsi de suite. (Le Moniteur pourra ne suivre aucun ordre.)

a e é è i o u

â ê î ô û

Méthode de Lecture de la Société pour l'Instruction Élémentaire, par M. PEIGNÉ. Chez CH. FOURAUT, Libraire-Éditeur, rue Saint-André-des-Arts, 47.

Paris. — Typographie Morris et Compagnie, rue Amelot, 64.

ÉCOLES ÉLÉMENTAIRES. — *LECTURE.*

LETTRES.

1ᵉʳ Procédé. { Le Moniteur indiquera, avec sa baguette, chaque lettre *en la nommant*, de cette façon : LE MONITEUR :
« Premier ! B. » — L'ÉLÈVE : « B. » LE MONITEUR : « Suivant ! P. » — L'ÉLÈVE : « P. » ; et ainsi de suite.
(Si l'Élève ne dit pas bien la lettre, le Moniteur dit : « Suivant ! »)

b p d t v f g c
B P D T V F G C
z s j l m n r h
Z S J L M N R H

2ᵐᵉ Procédé. { Le Moniteur indiquera une lettre *sans la nommer*. L'Élève la nommera, de cette façon : LE MONITEUR :
« Premier ! » — L'ÉLÈVE : « T. » LE MONITEUR : « Suivant ! » — L'ÉLÈVE : « G. » ; et ainsi de suite.
(Lorsque toutes les lettres auront été lues une première fois dans l'ordre où elles sont placées, le Moniteur
ira d'une lettre à une autre sans suivre aucun ordre.)

t g r b m f d s
n j z p v r h c
l s u c m l n f

3ᵐᵉ Procédé. { Le Moniteur demandera une lettre *sans la montrer*: l'Élève la montrera avec la baguette, de cette façon :
LE MONITEUR : « Premier ! montrez A. » — L'ÉLÈVE indique la lettre A. — LE MONITEUR : « Suivant ! montrez B. »
L'ÉLÈVE indique la lettre B; et ainsi de suite. (Il est bien entendu que le Moniteur pourra ne suivre aucun ordre.)

a b c d e é è f
g h i j l m n o
p r s t u v z .

Méthode de Lecture de la Société pour l'Instruction Élémentaire, par M. PEIGNÉ. Chez CH. FOURAUT, Libraire-Éditeur, rue Saint-André-des-Arts, 47.

Paris. — Typographie Morris et Cⁱᵉ, rue Amelot, 64.

SYLLABES.

1ᵉʳ Procédé. { Le Moniteur fera lire une *syllabe* à chaque Élève, en ayant soin de faire observer un *léger repos* entre les deux lettres de la syllabe, de cette façon : Le Moniteur : « Premier ! » — L'Élève : « B A, BA. » Le Moniteur : « Suivant ! » — L'Élève : « B E, BE ; » et ainsi de suite, verticalement et horizontalement.

b	a		b	e		b	é		b	è		b	i		b	o		b	u
d	a		d	e		d	é		d	è		d	i		d	o		d	u
g	a	»			»			»			»				g	o		g	u
v	a		v	e		v	é		v	è		v	i		v	o		v	u
z	a		z	e		z	é		z	è		z	i		z	o		z	u
l	a		l	e		l	é		l	è		l	i		l	o		l	u
m	a		m	e		m	é		m	è		m	i		m	o		m	u
j	a		j	e		j	é		j	è		j	i		j	o		j	u

2ᵐᵉ Procédé. { Le Moniteur fera lire une *syllabe* à chaque Élève, en ayant soin de faire prononcer cette syllabe *sans aucun repos* entre les deux lettres, de cette façon : Le Moniteur : « Premier ! » — L'Élève : « PA. » Le Moniteur : « Suivant ! » — L'Élève : « PE ; » et ainsi de suite, verticalement, horizontalement, puis sans suivre aucun ordre.

pa		pe		pé		pè		pi		po		pu
ta		te		té		tè		ti		to		tu
ca	»	ce	»	cé	»	cè	»	ci		co		cu
fa		fe		fé		fè		fi		fo		fu
sa		se		sé		sè		si		so		su
na		ne		né		nè		ni		no		nu
ra		re		ré		rè		ri		ro		ru
ja		je		jé		jè		ji		jo		ju

3ᵐᵉ Procédé. { (Tableau retourné.) Le Moniteur fera *décomposer* de vive voix une *syllabe* à chaque Élève, de cette façon : Le Moniteur : « Premier ! décomposez BA. » — L'Élève (*lentement*) : « B A, BA. » Le Moniteur : « Suivant ! décomposez PO. » — L'Élève : « P O, PO ; » et ainsi de suite. (Le Moniteur ne dira *décomposez* qu'au premier tour.)

Méthode de Lecture de la Société pour l'Instruction Élémentaire, par M. PEIGNÉ.   Chez CH. FOURAUT, Libraire-Éditeur, rue Saint-André-des-Arts, 47.

Paris. — Impr. Morris et comp., rue Amelot, 64.

MOTS.

1ᵉʳ Procédé. { Le Moniteur fera lire un *mot* à chaque Élève, en ayant soin de faire observer un *léger repos* entre chaque syllabe, de cette façon : Le Moniteur : « Premier ! » — L'Élève : « A NE. » Le Moniteur : « Suivant ! » — L'Élève : « BÊ TE ; » et ainsi de suite, d'abord verticalement (par colonnes), puis horizontalement.

â ne	é pi	ma ri	tê te	bo bi ne	lé gu me
bê te	fa de	mè re	tê tu	ca ba ne	mi nu te
ca fé	fê te	mi di	vi de	ca na pé	o li ve
cô té	fi le	na pe	zè le	do mi no	o pé ra
cu re	ga ze	pa pa	zé ro	du re té	pe lo te
da me	î le	pè re	a bî me	é co le	re mè de
dé fi	ju pe	pi pe	a bo li	é pi ne	sa la de
dì né	li re	râ pe	a do ré	fi gu re	vé ri té
du pe	lu ne	rô ti	a va re	ga ba re	vo lu me

2ᵐᵉ Procédé. { Le Moniteur fera lire un *mot* à chaque Élève, en ayant soin de faire lire ce mot *sans aucun repos* entre les syllabes, de cette façon : Le Moniteur : « Premier ! » — L'Élève : « AMI. » Le Moniteur : « Suivant ! » — L'Élève : « CAVE ; » et ainsi de suite, d'abord verticalement (par colonnes) puis horizontalement.

ami	gala	rame	alcôve	famine	parade
cave	joli	rave	arête	férule	pilote
curé	lame	rêve	badine	galère	pureté
date	lime	rire	capote	jujube	savate
déjà	mine	sofa	défilé	levûre	sébile
demi	mode	tôle	écume	madame	tulipe
écu	pari	uni	élève	mérite	utile
été	pavé	vêtu	étape	nature	vanité
fève	pile	zélé	étude	nudité	vipère

3ᵐᵉ Procédé. { (Tableau retourné.) Le Moniteur fera *décomposer* de vive voix un *mot* à chaque Élève, de cette façon : Le Moniteur : « Premier ! décomposez CAFÉ. » — L'Élève (*lentement*) : « CA FÉ. — C A , CA ; F É, FÉ : CAFÉ. » Le Moniteur : « Suivant ! décomposez PARI. » L'Élève (*lentement*) : « PA RI : P A , PA ; R I, RI : PARI ; » et ainsi de suite.

Méthode de Lecture de la Société pour l'Instruction Élémentaire, par M. PEIGNÉ.   Chez CH. FOURAUT, Libraire-Éditeur, rue Saint-André-des-Arts, 47.

Paris. — Typ. Morris et Comp., rue Amelot, 64.

PHRASES.

1ᵉʳ PROCÉDÉ. { Le Moniteur fera lire une phrase à chaque Élève, en ayant soin de faire observer *un léger repos* entre chaque syllabe.

2ᵐᵉ PROCÉDÉ. { Le Moniteur fera lire une phrase à chaque Élève, en ayant soin de faire lire *couramment*, c'est-à-dire sans aucun repos entre les syllabes.

Le dî né, la sa la de, le rô ti, du pâ té, du ca fé, u ne li me, le re mè de, la fi gu re, ma mè re, l'a mi, la tê te.

Le pari, la dame, une fève, la pelote, une jupe, la capote, le défi, une bobine, la mode, une lame, la cave, le légume.

Le jo li ca na pé, la ro be de ga ze, la ca ba ne so li de, u ne fi gu re ri di cu le, l'é tu de u ti le, l'a mi fi dè le, le re mè de du ma la de, la fê te de pa pa, la ra re té de la fa ri ne, l'é lè ve pu ni.

Le navire égaré, le joli domino, la solidité de la cabane, le père adoré, l'utilité de l'étude, la fidélité de l'ami, la pureté de l'âme, papa a été fêté, la farine sera rare, le dîné de l'élève, la rame du pilote, une robe de gaze.

L'é tu de se ra u ti le, la ca ba ne a é té so li de, il a bu du ca fé, l'é lè ve se ra pu ni, A dè le di ra la vé ri té, É mi le i ra à l'é co le, ta mè re te pu ni ra, é vi te la co lè re, pa pa fu me sa pi pe, Zo é a sa li sa ro be, Jé rô me a u ne fi gu re ri di cu le.

Va à la cave. J'adore ma mère. Le pilote a jeté le navire à la côte. Papa a bu du café. Ma mère a été malade. Émile a ri à l'école : il a été puni. Caroline a jeté sa pelote à la tête d'Adèle : sa mère la punira. Il dira la vérité. Une sérénade a fini la fête de ma mère. Papa a tenu parole.

3ᵐᵉ Procédé. { (TABLEAU RETOURNÉ.) Le Moniteur fera DÉCOMPOSER de vive voix une phrase à chaque Élève, de cette façon : LE MONITEUR : « Premier ! Décomposez LE NAVIRE ÉGARÉ. » — L'ÉLÈVE (LENTEMENT) : « LE NA VI RE É GA RÉ : LE, LE ; N A , NA ; V I , VI ; R E , RE : NAVIRE ; — É ; G A , GA ; R É , RÉ : ÉGARÉ ; » et ainsi de suite.

Méthode de Lecture de la Société pour l'Instruction Élémentaire, par H. PEIGNE.   Chez CH. FOURAUT, Libraire-Éditeur, rue Saint-André-des-Arts, 47.

Paris. — Typographie Morris et Compagnie, rue Amelot, 64.

SYLLABES.

1ᵉʳ Procédé. Le Moniteur fera lire une *syllabe* à chaque Élève, en ayant soin de faire observer un *léger repos* entre les deux lettres de la syllabe, de cette façon : Lᴇ Mᴏɴɪᴛᴇᴜʀ : « Premier! » — L'Éʟèᴠᴇ : « A B, AB. » Lᴇ Mᴏɴɪᴛᴇᴜʀ : « Suivant ! » — L'Éʟèᴠᴇ : « A C, AC ; » et ainsi de suite, verticalement et horizontalement.

a b	a c	a d	a f	a l	a r	a s
i b	i c	i d	i f	i l	i r	i s
o b	o c	o d	o f	o l	o r	o s
u b	u c	u d	u f	u l	u r	u s

2ᵐᵉ Procédé. Le Moniteur fera lire une *syllabe* à chaque Élève, en ayant soin de faire prononcer cette syllabe *sans aucun repos* entre les deux lettres, de cette façon : Lᴇ Mᴏɴɪᴛᴇᴜʀ : « Premier ! » — L'Éʟèᴠᴇ : « AB. » Lᴇ Mᴏɴɪᴛᴇᴜʀ : « Suivant! » — L'Éʟèᴠᴇ : « AC ; » et ainsi de suite, verticalement, horizontalement, puis sans suivre aucun ordre. *(2ᵐᵉ partie.)*

ab	ac	ad	af	al	ar	as
ib	ic	id	if	il	ir	is
ob	oc	od	of	ol	or	os
ub	uc	ud	uf	ul	ur	us

or	id	us	ac	ur	od	of
uf	ar	ol	ir	af	ub	ad
al	ud	ic	os	il	as	uc
if	oc	ab	ul	is	ob	id

3ᵐᵉ Procédé. (Tᴀʙʟᴇᴀᴜ ʀᴇᴛᴏᴜʀɴé.) Le Moniteur fera ᴅéᴄᴏᴍᴘᴏsᴇʀ de vive voix une syllabe à chaque Élève, de cette façon : Lᴇ Mᴏɴɪᴛᴇᴜʀ : « Décomposez A B. » — L'Éʟèᴠᴇ (ʟᴇɴᴛᴇᴍᴇɴᴛ) : « A B, AB. » Lᴇ Mᴏɴɪᴛᴇᴜʀ : « Suivant! décomposez OR. » L'Éʟèᴠᴇ : « O R, OR ; » et ainsi de suite. (Le Moniteur ne dira ᴅéᴄᴏᴍᴘᴏsᴇᴢ qu'au premier tour.)

Méthode de Lecture de la Société pour l'Instruction Élémentaire, par M. PEIGNÉ.   Chez CH. FOURAUT, Libraire-Éditeur, rue Saint-André-des-Arts, 47.

Paris. — Typographie Moxxxx et Cⁱᵉ, rue Amelot, 64.

3ᵉ Classe.   ARTICULATIONS *SIMPLES* et SONS *ARTICULÉS.*   **Nᵒ 7.**

SYLLABES.

1ᵉʳ Procédé. { Le Moniteur fera lire une *syllabe* à chaque Élève, en ayant soin de faire observer un *léger repos* entre l'articulation et le son articulé, de cette façon : Le Moniteur : « Premier ! » — L'Élève : « B AC, BAC. » Le Moniteur : « Suivant ! » — L'Élève : « B AL, BAL ; » et ainsi de suite. (Une syllabe n'a jamais que *deux* parties.)

b	ac	b	al	b	ar	b	if	b	il	b	ir	b	ol	b	or	b	ul	b	ur
d	ac	d	al	d	ar	d	if	d	il	d	ir	d	ol	d	or	d	ul	d	ur
g	ac	g	al	g	ar	»		»		»		g	ol	g	or	g	ul	g	ur
v	ac	v	al	v	ar	v	if	v	il	v	ir	v	ol	v	or	v	ul	v	ur
z	ac	z	al	z	ar	z	if	z	il	z	ir	z	ol	z	or	z	ul	z	ur
l	ac	l	al	l	ar	l	if	l	il	l	ir	l	ol	l	or	l	ul	l	ur
m	ac	m	al	m	ar	m	if	m	il	m	ir	m	ol	m	or	m	ul	m	ur
j	ac	j	al	j	ar	j	if	j	il	j	ir	j	ol	j	or	j	ul	j	ur

2ᵐᵉ Procédé. { Le Moniteur fera lire une *syllabe* à chaque Élève, en ayant soin de faire prononcer cette syllabe *sans aucun repos*, de cette façon : Le Moniteur : « Premier ! » — L'Élève : « PAC. » Le Moniteur : « Suivant ! » — L'Élève : PAL ; » et ainsi de suite, tantôt horizontalement, tantôt verticalement, puis enfin sans suivre aucun ordre.

pac	pal	par	pif	pil	pir	pol	por	pul	pur
tac	tal	tar	tif	til	tir	tol	tor	tul	tur
cac	cal	car	»	»	»	col	cor	cul	cur
fac	fal	far	fif	fil	fir	fol	for	ful	fur
sac	sal	sar	sif	sil	sir	sol	sor	sul	sur
nac	nal	nar	nif	nil	nir	nol	nor	nul	nur
rac	ral	rar	rif	ril	rir	rol	ror	rul	rur
jac	jal	jar	jif	jil	jir	jol	jor	jul	jur

3ᵐᵉ Procédé. { (Tableau retourné.) Le Moniteur fera décomposer une syllabe à chaque Élève, de cette façon : Le Moniteur : « PAC. » — L'Élève : « P AC, PAC. » Le Moniteur : « PAL. » — L'Élève : « P AL, PAL ; » et ainsi de suite. (Il faut se rappeler qu'une syllabe n'est jamais divisible qu'en *deux* parties.)

Méthode de Lecture de la Société pour l'Instruction Élémentaire, par M. PEIGNÉ.   Chez CH. FOURAUT, Libraire-Éditeur, rue Saint-André-des-Arts, 47.

Paris. — Impr. Morris et comp., rue Amelot, 64.

3ᵉ Classe.   ARTICULATIONS *SIMPLES* et SONS *SIMPLES ARTICULÉS*.   **Nᵒ 8.**

MOTS.

1ᵉʳ Procédé. Le Moniteur fera lire un *mot* à chaque Élève, en ayant soin de faire observer un *léger repos* entre chaque syllabe, de cette façon : LE MONITEUR : « Premier! » — L'ÉLÈVE : « AC TIF. » LE MONITEUR : « Suivant ! » — L'ÉLÈVE : « A ZUR ; » et ainsi de suite, d'abord verticalement (par colonnes), puis horizontalement.

ac tif	fa nal	sa lir	dé gar nir	pa ra sol	ab sur di té
a zur	for me	tar te	é nor me	par ve nir	ca rac tè re
bar be	gar de	ve nir	fa cul té	ré col te	dé fi ni tif
bé nir	lo cal	a bo lir	i nac tif	sar di ne	é car la te
bor ne	mar di	a ni mal	lé zar de	sur di té	for ma li té
cal me	mû rir	ar se nal	mar mi te	tar ti ne	gar ni tu re
car pe	por te	bor du re	mor su re	tu mul te	mar me la de
cor de	ré gal	car na val	noc tur ne	va car me	par ti cu le
dor mir	ré tif	cul bu te	ob te nir	vir gu le	u ni for me

2ᵐᵉ Procédé. Le Moniteur fera lire un *mot* à chaque Élève, en ayant soin de faire lire ce mot *sans aucun repos* entre les syllabes, de cette façon : LE MONITEUR : « Premier ! » — L'ÉLÈVE : « ARGUS. » LE MONITEUR : « Suivant! » — L'ÉLÈVE : « BATIR ; » et ainsi de suite, d'abord verticalement (par colonnes), puis horizontalement.

argus	finir	sortir	démolir	parjure	carmélite
bâtir	futur	total	écarté	portatif	définitif
bocal	garnir	valse	fortune	retenir	écartelé
calcul	larme	absurde	inégal	révolte	facultatif
canal	major	amiral	libéral	sordide	mortalité
canif	métal	arsenic	murmure	survenir	nominatif
carte	normal	barbare	négatif	torsade	sarbacane
culte	partir	cocarde	nominal	torture	soporatif
égal	pénal	culture	ordinal	varlope	turpitude

3ᵐᵉ Procédé. (TABLEAU RETOURNÉ.) Le Moniteur fera décomposer de vive voix un mot à chaque Élève, de cette façon : LE MONITEUR : « Premier ! décomposez BATIR. » — L'ÉLÈVE (*lentement*) : BA TIR. — B A, BA ; T IR, TIR ; BATIR. » LE MONITEUR : « Suivant! décomposez CALCUL. » — L'ÉLÈVE (*lentement*) : CAL CUL. — C AL, CAL; C UL, CUL : CALCUL ; » et ainsi de suite.

Méthode de Lecture de la Société pour l'Instruction Élémentaire, par M. PEIGNÉ.   Chez CH. FOURAUT, Libraire-Éditeur, rue Saint-André-des-Arts, 47.

Paris. — Typ. Morris et Comp., rue Amelot, 64.

PHRASES.

1ᵉʳ PROCÉDÉ. { Le Moniteur fera lire une phrase à chaque Élève, en ayant soin de faire observer *un léger repos* entre chaque syllabe.

2ᵐᵉ PROCÉDÉ. { Le Moniteur fera lire une phrase à chaque Élève, en ayant soin de faire lire *couramment*, c'est-à-dire sans aucun repos entre les syllabes.

La cor de, le ca nif, la ré col te, u ne co car de, du mé tal, la car pe, le ta rif, la for tu ne, le ca nal, la por te.

L'a ni mal ré tif, le sol cul ti vé, la bar be du ca po ral, l'é cu me de la mar mi te, l'é tu de du cal cul, le fil du ca nif, le bal pa ré, la for me du bo cal, l'a mi sûr, la gar ni tu re de la ro be, la car pe du ca nal, la pi pe du ca po ral.

Mé dor a mor du ma tar ti ne, l'ac ti vi té mè ne à la for tu ne, Vic tor i ra à l'é co le nor ma le, le dî né va fi nir, la ré col te n'a pu mû rir, por te le ca nif à pa pa, il va par tir, l'ar se nal a é té dé gar ni, le co de pé nal pu ni ra le vol.

Le régal, la morsure, le bocal, une lame, la culbute, de la marmelade, une absurdité, le tumulte, dormir, partir, sortir.

L'âne se révolte, le sol a été cultivé, le mardi du carnaval, papa sera de garde samedi, évite le parjure, l'élève a égaré le canif, j'évite le tumulte du bal, le caporal de garde a dormi sur le pavé, il patinera sur le canal, garde ta parole.

Punir le vol, polir du métal, démolir le mur, garnir une robe, bâtir une cabane, obtenir la faculté de partir, le parjure révolte, le tumulte alarme, le bocal a une forme énorme, le major partira mardi, Médor a dormi à la porte de la cabane.

3ᵐᵉ Procédé. { (TABLEAU RETOURNÉ.) Le Moniteur fera décomposer de vive voix une phrase à chaque Élève, de cette façon : LE MONITEUR : « Premier ! Décomposez LA FORME DU BOCAL. » — L'ÉLÈVE (*lentement*) : « LA FOR ME DU BO CAL. — L A, LA ; F O R, FOR ; ME, ME ; D U, DU ; B O, BO ; C A L, CAL : LA FORME DU BOCAL ; » et ainsi de suite.

Méthode de Lecture de la Société pour l'Instruction Élémentaire, par M. PEIGNÉ.　Chez CH. FOURAUT, Libraire-Éditeur, rue Saint-André-des-Arts, 47.

Paris. — Typographie Morris et Compagnie, rue Amelot, 64.

LETTRES.

1ᵉʳ Procédé. Le Moniteur indique, avec sa baguette, chaque réunion de lettres (SON OU ARTICULATION) *en la nommant,* de cette façon : LE MONITEUR : « Premier! EU » — L'ÉLÈVE : « EU. » LE MONITEUR : « Second ! OU. » — L'ÉLÈVE : « OU, » et ainsi de suite. Si l'Élève ne prononce pas bien le son ou l'articulation, le Moniteur passe à un autre Élève en disant : « Suivant ! »

SONS.

eu ou an in on un oi

ARTICULATIONS.

ch gn ill

2ᵐᵉ Procédé. Le Moniteur désigne une réunion de lettres (SON OU ARTICULATION) *sans la nommer :* l'Élève la nomme. Si l'Élève se trompe, le Moniteur dit : « Suivant ! » L'Élève qui a bien lu passe le premier. (Le Moniteur suivra d'abord l'ordre indiqué ci-dessous ; puis, pour mettre en défaut la mémoire de position, il ne suivra plus aucun ordre. *(2ᵐᵉ partie.)*

eu ou an in on un oi

eur   our   »   »   »   »   oir

ch on ill

in	gn	ou	eur	oi	ch	eu	an	un
eu	ill	an	in	oi	gn	ou	ch	oir
our	un	on	eu	ch	in	ou	gn	ill

3ᵐᵉ Procédé. Le Moniteur demande une réunion de lettres (SON OU ARTICULATION) *sans la montrer :* l'Élève la montre. LE MONITEUR : « Montrez EU. » — L'ÉLÈVE montre le son EU. — LE MONITEUR : « GN. » — L'ÉLÈVE montre l'articulation GN ; et ainsi de suite. (Le Moniteur ne doit suivre aucun ordre.)

Méthode de Lecture de la Société pour l'Instruction Élémentaire, par M. PEIGNÉ.   Chez CH. FOURAUT, Libraire-Éditeur, rue Saint-André-des-Arts, 47.

Paris. — Typographie Morris et Cⁱᵉ, rue Amelot, 64.

SYLLABES.

1ᵉʳ Procédé. { Le Moniteur fera lire une *syllabe* à chaque Élève, en ayant soin de faire observer un *léger repos* entre les deux parties de la syllabe, de cette façon : Le Moniteur : « Premier ! » — L'Élève : « B EU, BEU. » Le Moniteur : « Suivant ! » — L'Élève : « B EUR, BEUR ; » et ainsi de suite. Remarquez que la syllabe n'est jamais divisible qu'en *deux* parties.)

b	eu	b	eur	b	ou	b	our	b	an	b	in	b	on	b	un	b	oi
d	eu	d	eur	d	ou	d	our	d	an	d	in	d	on	d	un	d	oi
v	eu	v	eur	v	ou	v	our	v	an	v	in	v	on	v	un	v	oi
»		»		g	ou	g	our	g	an	»		g	on	g	un	g	oi
z	eu	z	eur	z	ou	z	our	z	an	z	in	z	on	z	un	z	oi
l	eu	l	eur	l	ou	l	our	l	an	l	in	l	on	l	un	l	oi
ch	eu	ch	eur	ch	ou	ch	our	ch	an	ch	in	ch	on	ch	un	ch	oi
gn	eu	gn	eur	gn	ou	gn	our	gn	an	gn	in	gn	on	gn	un	gn	oi
ill	eu	ill	eur	ill	ou	ill	our	ill	an	ill	in	ill	on	ill	un	ill	oi

2ᵐᵉ Procédé. { Le Moniteur fera lire une *syllabe* à chaque Élève, en ayant soin de la faire prononcer *sans aucun repos*, de cette façon : Le Moniteur : « Premier ! » — L'Élève : « PEU. » Le Moniteur : « Suivant ! » — L'Élève : « PEUR ; » et ainsi de suite, tantôt verticalement, tantôt horizontalement, puis enfin sans suivre aucun ordre.

peu	peur	pou	pour	pan	pin	pon	pun	poi
teu	teur	tou	tour	tan	tin	ton	tun	toi
feu	feur	fou	four	fan	fin	fon	fun	foi
»	»	cou	cour	can	»	con	cun	coi
seu	seur	sou	sour	san	sin	son	sun	soi
reu	reur	rou	rour	ran	rin	ron	run	roi
cheu	cheur	chou	chour	chan	chin	chon	chun	choi
gneu	gneur	gnou	gnour	gnan	gnin	gnon	gnun	gnoi
illeu	illeur	illou	illour	illan	illin	illon	illun	illoi

3ᵐᵉ Procédé. { (Tableau retourné.) Le Moniteur fera décomposer une *syllabe* à chaque Élève, de cette façon : Le Moniteur : « PEU. » — L'Élève : « P EU, PEU. » Le Moniteur : « CHAN. » — L'Élève : « CH AN, CHAN ; » et ainsi de suite. (Il est bien entendu que le Moniteur peut choisir parmi toutes les syllabes du tableau.)

4e Classe. | SONS et ARTICULATIONS SIMPLES *POLYGRAMMES.* | **No 12.**

MOTS.

1er Procédé. { Le Moniteur fera lire un *mot* à chaque Élève, en ayant soin de faire observer un *léger repos* entre chaque syllabe, de cette façon : Le Moniteur : « Premier! » — L'Élève : « BA TON. » Le Moniteur : « Suivant! » — L'Élève : « BI JOU ; » et ainsi de suite.

bâ ton	cha cun	gâ che	ra illeur	ba ta illon
bi jou	chan son	gou jon	ro che	char la tan
bon bon	char don	jou jou	ro gnon	cha tou illé
bor gne	che veu	li gne	rou ille	di gni té
bou chon	chi gnon	man chon	si gne	é pa gneul
bou din	dan seur	ma man	sou pe	feu ille ton
bou illi	dé tour	mou che	tai lle	mar chan de
bou illon	feu ille	mou choir	va che	mé da ille
bû che	fou ille	pê cheur	vi gne	sou illu re

2me Procédé. { Le Moniteur fera lire un *mot* à chaque Élève, en ayant soin de faire lire ce mot *sans aucun repos* entre les syllabes, de cette façon : Le Moniteur : « Premier ! » — L'Élève : « BONTÉ. » Le Moniteur : « Suivant! » — L'Élève : « BOUCHE ; » et ainsi de suite,

bonté	marcheur	andouille	garde-feu	ramoneur
bouche	moulin	bataillon	laboureur	rancune
caille	neveu	cartouche	mâchoire	rognure
caillou	paille	consigne	médaillon	sacoche
charbon	pignon	cornichon	moniteur	soucoupe
douleur	poche	dépouille	montagne	tenaille
fourgon	riche	épargne	ouragan	vigneron
gazon	signal	évêché	panache	volaille
louche	torchon	futaille	pantalon	volonté

3me Procédé. { (Tableau retourné.) Le Moniteur fera décomposer un *mot* à chaque Élève, de cette façon : Le Moniteur : « Premier! BONTÉ. — L'Élève : « BON TÉ : B ON, BON ; T É, TÉ : BONTÉ. » Le Moniteur : « Suivant! BOUCHE. » L'Élève : « BOU CHE : B OU, BOU ; CH E, CHE : BOUCHE ; » et ainsi de suite.

Méthode de Lecture de la Société pour l'Instruction Élémentaire, par M. PEIGNÉ. Chez CH. FOURAUT, Libraire-Éditeur, rue Saint-André-des-Arts, 47.

Paris. — Typ. Morris et Comp., rue Amelot, 64.

4ᵐᵉ Classe. SONS *et* ARTICULATIONS SIMPLES *POLYGRAMMES.* **Nᵒ 15.**

PHRASES.

1ᵉʳ PROCÉDÉ. { Le Moniteur fera lire une phrase à chaque Élève, en ayant soin de faire observer *un léger repos* entre chaque syllabe.

2ᵐᵉ PROCÉDÉ. { Le Moniteur fera lire une phrase à chaque Élève, en ayant soin de faire lire *couramment*, c'est-à-dire sans aucun repos entre les syllabes.

La bon té, un chou, du bon bon, un bou chon, la mar chan de, du bou illi, u ne vi gne, du char bon, un four gon.

Du bouillon, le signal, un bataillon, la consigne, le goujon, de la paille, le chignon, une soucoupe.

Un ca non fon du, un che val bor gne, le mou choir mou illé, l'oi gnon gâ té, u ne fu ta ille vi de, un bon mar cheur, la fin du mon de, la bû che fu me, le rè gne de la loi, u ne feu ille de vi gne.

Le bon laboureur, une riche dépouille, une taille élégante, un pantalon neuf, un chemin aligné, le jour du marché, le signal de la bataille, la ligne du pêcheur, une feuille de chêne.

Le mou choir, se ra mou illé, le ma ga sin de ma tan te a é té con- su mé par le feu, on a fou lé le ga zon de mon jar din, la va che ru mi ne, la vi gne cou le, on pê che à la li gne, chan te-moi u ne chan son, on a peur de l'ou ra gan, ma man a vou lu me pu nir.

L'étude a un charme infini, la caille chante, le mouton bêle, le ramoneur couche sur la paille, dé- pêche-toi, console ta maman, la lime se rouille, la bûche fera du feu, le pèlerin jeûne, le voleur se cache, éloigne ton cheval de la vigne, la mèche fume.

5ᵐᵉ Procédé. { (TABLEAU RETOURNÉ.) Le Moniteur fera DÉCOMPOSER de vive voix une phrase à chaque Élève, de cette façon : LE MONITEUR : « Premier ! UN CANON FONDU. » — L'ÉLÈVE : « UN CA NON FON DU. — U N, UN ; C A, CA ; N ON, NON ; F ON, FON ; D U, DU : UN CANON FONDU ; » et ainsi de suite. (N'oubliez pas que la plus longue syllabe ne se divise jamais qu'en *deux* parties.)

Méthode de Lecture de la Société pour l'Instruction Élémentaire, par M. PEIGNÉ.   Chez CH. FOURAUT, Libraire-Éditeur, rue Saint-André-des-Arts, 47.

Paris. — Typographie Morris et Compagnie, rue Amelot, 64.

LETTRES.

1ᵉʳ Procédé.
{ Le Moniteur indique, avec sa baguette, chaque réunion de lettres (SON ou ARTICULATION) : *en la nommant :* l'Élève répète de cette façon : LE MONITEUR : « Premier ! IA. » — L'Élève : « IA. » LE MONITEUR : « Suivant ! IÉ. » — L'Élève : « IÉ ; » et ainsi de suite. (Le Moniteur s'arrêtera peu sur les *Sons,* car ils n'offrent aucune difficulté.)

SONS.

ia	ié	iè	io	ui	ieu	ian	ion	oui	oin

ARTICULATIONS.

bl	br	cl	cr	fl	fr	gl	gr	pl	pr
dr	tr	vr	st	str	sc	scr	sp	spl	ps

2ᵐᵉ Procédé.
{ Le Moniteur désigne une réunion de lettres (SON ou ARTICULATION), *sans la nommer :* l'Élève la nomme. Si l'Élève se trompe, le MONITEUR dit : « Suivant ! » L'Élève qui a bien lu passe le premier. (Le Moniteur suivra d'abord l'ordre des sons et des articulations ; puis, pour mettre en défaut la mémoire de position, il fera lire les sons et les articulations mélangées.)

ia	ié	iè	io	ui	ieu	ian	ion	oui	oin
bl	br	cl	cr	fl	fr	gl	gr	pl	pr
dr	tr	vr	st	str	sc	scr	sp	spl	ps
oui	st	ia	gl	br	ui	ié	bl	pr	sc
cl	ieu	gr	io	scr	pl	ui	ié	st	iè
sc	bl	dr	spl	ia	oin	pr	vr	io	str
ian	cr	ps	tr	fl	ieu	spl	sc	gl	ia

3ᵐᵉ Procédé.
{ (TABLEAU RETOURNÉ.) Le Moniteur fera DÉCOMPOSER une réunion de lettres à chaque Élève, de cette façon : LE MONITEUR : « Premier ! IO. » — L'Élève : « I O, IO. » LE MONITEUR : « Suivant ! BL. » — L'Élève : « B L, BL ; » et ainsi de suite. (Il est bien entendu que le Moniteur peut choisir parmi tous les sons et toutes les articulations du tableau.)

Méthode de Lecture de la Société pour l'Instruction Élémentaire, par M. PEIGNÉ.   Chez CH. FOURAUT, Libraire-Éditeur, rue Saint-André-des-Arts, 47.

Paris. — Typographie Morris et Cᵉ, rue Amelot, 64.

SYLLABES.

1er Procédé. Le Moniteur fera lire une *syllabe* à chaque Élève, en ayant soin de faire observer un *léger repos* entre les deux parties de la syllabe, de cette façon : LE MONITEUR : « Premier ! » — L'ÉLÈVE : « B IA, BIA. » LE MONITEUR : « Suivant ! » — L'ÉLÈVE : « B IÉ, BIÉ ; » et ainsi de suite, tantôt verticalement, tantôt horizontalement.

b	ia	b	ié	b	io	b	ieu	bl	ou	bl	an	bl	in	bl	on
d	ia	d	ié	d	io	d	ieu	dr	ou	dr	an	dr	in	dr	on
f	ia	f	ié	f	io	f	ieu	fl	ou	fl	an	fl	in	fl	on
p	ia	p	ié	p	io	p	ieu	pr	ou	pr	an	pr	in	pr	on
s	ia	s	ié	s	io	s	ieu	st	ou	st	an	st	in	st	on
t	ia	t	ié	t	io	t	ieu	tr	ou	tr	an	tr	in	tr	on
v	ia	v	ié	v	io	v	ieu	vr	ou	vr	an	vr	in	vr	on
z	ia	z	ié	z	io	z	ieu	gr	ou	gr	an	gr	in	gr	on

2me Procédé. Le Moniteur fera lire une *syllabe* à chaque Élève, en ayant soin de la faire prononcer *sans aucun repos*, de cette façon : LE MONITEUR : « Premier ! » — L'ÉLÈVE : « BIA. » LE MONITEUR : « Suivant ! » — L'ÉLÈVE : BIÉ ; » et ainsi de suite, tantôt verticalement, tantôt horizontalement, puis enfin sans suivre aucun ordre.

bia	bié	bio	bieu	biou	bian	bion	bui
dia	dié	dio	dieu	diou	dian	dion	dui
via	vié	vio	vieu	viou	vian	vion	vui
bla	blé	blo	bleu	blou	blan	blon	blin
cra	cré	cro	creu	crou	cran	cron	crin
fla	flé	flo	fleu	flou	flan	flon	flin
gra	gré	gro	greu	grou	gran	gron	grin
sta	sté	sto	steu	stou	stan	ston	stin

3me Procédé. (TABLEAU RETOURNÉ.) Le Moniteur fera DÉCOMPOSER une syllabe à chaque Élève, de cette façon : LE MONITEUR : « Premier ! BLA. » — L'ÉLÈVE : « BL A, BLA. » LE MONITEUR : « Suivant ! GROU. » — L'ÉLÈVE : GR OU, GROU ; » et ainsi de suite. (Rappelez-vous qu'une syllabe n'est jamais divisible qu'en DEUX parties.)

Méthode de Lecture de la Société pour l'Instruction Élémentaire, par M. PEIGNÉ.   Chez CH. FOURAUT, Libraire-Éditeur, rue Saint-André-des-Arts, 47.

Paris. — Impr. Morris et comp., rue Amelot, 64.

MOTS.

1er Procédé. Le Moniteur fera lire un *mot* à chaque Élève, en ayant soin de faire observer un *léger repos* entre chaque syllabe, de cette façon : LE MONITEUR : « Premier ! » — L'ÉLÈVE : « A DIEU. » LE MONITEUR : « Suivant ! » — L'ÉLÈVE : « AR BRE ; » et ainsi de suite, tantôt verticalement, tantôt horizontalement.

a dieu	gloi re	re coin	a mi tié	la niè re
ar bre	jui ve	sa ble	char niè re	lu miè re
biè re	ju ste	stè re	con dui re	mi tra ille
bran che	lè vre	su cre	dé trui re	neu viè me
bri de	li bre	sui te	droi tu re	or niè re
ca dran	mi lieu	tié deur	é preu ve	pro blème
diè te	moi tié	ti gre	froi du re	ra ta fia
é tui	pa steur	trou ble	i vro gne	scan da le
fa ble	pi tié	vio lon	join tu re	vo liè re

2me Procédé. Le Moniteur fera lire un *mot* à chaque Élève, en ayant soin de faire lire ce mot *sans aucun repos* entre les syllabes, de cette façon : LE MONITEUR : « Premier ! » — L'ÉLÈVE : « AVRIL. » LE MONITEUR : « Suivant ! » — L'ÉLÈVE : « GLOBE ; » et ainsi de suite. (Il est bien entendu que le Moniteur ne doit suivre l'ordre des colonnes que pour la première fois.)

avril	globe	scribe	abreuvoir	litière
blancheur	grade	stable	agrandir	matelot
cuivre	jongleur	témoin	bistouri	ornière
déclin	liste	tiède	conduite	pituite
épieu	livre	tranche	douzième	réfléchir
fiole	marbre	tricheur	filière	salière
flûte	mastic	tuile	fleuriste	soupière
fouine	piéton	viande	friture	stature
fuite.	prêter	vitre	ignoble	tribunal

3me Procédé. (TABLEAU RETOURNÉ.) Le Moniteur fera DÉCOMPOSER de vive voix un mot à chaque Élève, de cette façon : LE MONITEUR : « Premier ! décomposez ADIEU. » — L'ÉLÈVE (LENTEMENT) : « A DIEU : — A, D IEU, DIEU : ADIEU. » LE MONITEUR : « Suivant ! CHAGRIN. » L'ÉLÈVE (LENTEMENT) : « CHA GRIN : — CH A, CHA ; GR IN, GRIN : CHAGRIN ; » et ainsi de suite.

Méthode de Lecture de la Société pour l'Instruction Élémentaire, par M. PEIGNÉ. Chez CH. FOURAUT, Libraire-Éditeur, rue Saint-André-des-Arts, 47.

Paris. — Typ. MORRIS et Comp., rue Amelot, 64.

5me Classe. ARTICULATIONS *et* SONS COMPOSÉS *INSÉPARABLES.* **N° 17.**

PHRASES.

1er PROCÉDÉ. { Le Moniteur fera lire une phrase à chaque Élève, en ayant soin de faire observer *un léger repos* entre chaque syllabe.

2me PROCÉDÉ. { Le Moniteur fera lire une phrase à chaque Élève, en ayant soin de faire lire *couramment*, c'est-à-dire sans aucun repos entre les syllabes.

L'a mi tié, un clou, de la biè re, u ne fleur, du suif, le cha grin, de la vian de, u ne bro che, du mas tic, u ne clef, du cui vre, u ne lis te, a dieu.

Une tuile, du chanvre, une pioche, du plâtre, un cadran, une cloche, de la lumière, la mitraille, un castor, du marbre, la rivière, une vivan-dière.

De la vian de cui te, le bon Dieu, du vin tiè de, u ne ta ble pro pre, u ne fleur blan che, l'or dre pu blic, un vio lon jus te, u ne pin te de biè re, la ron deur du glo be, la moi tié de dou ze, la ta ba tiè re d'or.

Une tache de suif, une tranche de bouilli, la litière du cheval, la mous-tache postiche, l'apôtre de Dieu, la gloire du peuple, le Cadran bleu, la fable du Castor, un clou de cuivre, le chapitre du livre.

A do re Dieu, cul ti ve la pro bi té, le suif ta che, la chè vre brou te, le fleu ris te plan te, la fou dre gron de, le co chon gro gne, le fri pon tri che, le pol tron a fui, l'ar bre gran di ra, prê te-moi ta plu me pour é cri re u ne li gne.

Adore un Dieu créateur, admire la grandeur de son pouvoir, préfère l'utile à l'agréable, la frugalité procure une santé robuste, regarde l'ordre ad-mirable de la nature, je travaille, on a doré le cadre de la gravure.

5me Procédé. { (TABLEAU RETOURNÉ.) Le Moniteur fera DÉCOMPOSER de vive voix une phrase à chaque Élève, de cette façon : LE MONITEUR: « Premier ! LA FOUDRE GRONDE. » — L'ÉLÈVE (LENTEMENT) : « LA FOU DRE GRON DE : L A, LA ; F OU, FOU ; DR E, DRE : LA FOUDRE — GR ON, GRON ; D E, DE : GRONDE. » (La plus longue syllabe ne se divise jamais qu'en *deux* parties.)

Méthode de Lecture de la Société pour l'Instruction Élémentaire, par M. PEIGNÉ. Chez CH. FOURAUT, Libraire-Éditeur, rue Saint-André-des-Arts, 47.

Paris. — Typographie Morris et Compagnie, rue Amelot, 64.

6e Classe. VALEUR EXCEPTIONNELLE *DE QUELQUES MOTS.* **No 18.**

LETTRES.

1er Procédé. Le Moniteur fera lire *une ligne tout entière* à chaque Élève, en ayant soin de faire observer *un léger repos* entre chaque syllabe des mots qui servent d'exemples. (Il est bien entendu que l'on restera sur cet exercice assez de temps pour que chaque Élève puisse le lire au moins une fois en entier.)

è	s'écrit par	e	. . . .	mor *tel*
se	par	ce.	. . . .	for *ce*
si	par	ci.	. . . .	dur *ci*
je	par	ge	. . .	ju *ge*
ji	par	gi.	. . .	ré *gi* me
z	par	s.	. . . .	toi *son*
si	par	ti.	. . . .	fac *tion*

MOTS.

2me Procédé. Le Moniteur fera lire *un mot* à chaque Élève, en ayant soin de faire lire ce mot *sans aucun repos* entre les syllabes. ON LIRA D'ABORD HORIZONTALEMENT. (Si tous les Élèves du groupe se trompent en lisant un mot, le Moniteur leur fera relire la ligne du premier exercice qui renferme la difficulté de ce mot.)

am*er*	chef	cruel,	ermite	berline	perversité
puce	glace	céleri	caprice	menace	certitude
*ci*dre	ceci	citron	cécité	rétrécir	cicatrice
*g*enou	cage	gémir	nageur	général	bagage
*g*îte	agir	girafe	giberne	régime	origine
bise	rasoir	toison	cerise	ardoise	épouse
ac*ti*on	partial	ration	martial	portion	national

3me Procédé. (TABLEAU RETOURNÉ.) Le Moniteur fera DÉCOMPOSER un mot à chaque Élève, de cette façon : LE MONITEUR: « Premier! CAPRICE.»—L'ÉLÈVE (LENTEMENT): «CA PRI CE : C A, CA ; PR I, PRI ; C E, CE *(se)*: CAPRICE.» et ainsi de suite. (L'Élève ne doit pas s'occuper de la *valeur exceptionnelle.*)

Méthode de Lecture de la Société pour l'Instruction Élémentaire, par M. PEIGNÉ. Chez CH. FOURAUT, Libraire-Éditeur, rue Saint-André-des-Arts, 47.

Paris. — Typographie Monnis et Cie, rue Amelot, 64.

PHRASES.

1ᵉʳ PROCÉDÉ. { Le Moniteur fera lire une phrase à chaque Élève, en ayant soin de faire observer *un léger repos* entre chaque syllabe.

2ᵐᵉ PROCÉDÉ. { Le Moniteur fera lire une phrase à chaque Élève, en ayant soin de faire lire *couramment*, c'est-à-dire sans aucun repos entre les syllabes.

U ne ber li ne, du cé le ri, du ci dre, u ne ca ge, un gî te, le gé né ral, un ra soir, la dé ser tion, une gi ber ne.

U ne ce ri se rou ge, u ne ac tion glo rieu se, le na geur a gi le, la bi se gla cia le, le gé né ral cru el. La ti ge de la ro se, la cloi son de la ma su re, la ci ca tri ce du gé né ral, la ver tu du ju ge.

Far cir u ne din de, a gir se lon la cir con stan ce, ré gir u ne fer me, noir cir a vec du ci ra ge, on blâ me u ne ac tion nui si ble, la re li gion con so le, mer cre di on cou pe ra la toi son de ce mou ton, mer ci, l'er mi te a gé mi sur la per ver si té du siè cle.

Un citron, de la glace, le juge, un courtisan, le genou, un ermitage, la franchise, une portion, une cicatrice, ceci.

Une giberne luisante, le citron amer, une chanson nationale, une sage épouse, une origine douteuse, la fable de la cigale, l'éloge de la vertu, une gerbe d'orge, une feuille de céleri, la giberne du voltigeur.

On a percé la cloison, on a forcé la consigne, on a prononcé l'éloge de l'épouse vertueuse, on a mesuré une pièce de toile, on a infligé une puni-tion rigoureuse à ce voltigeur, il a déserté avec son bagage, une action glorieuse a valu la décoration à ce chef intrépide.

3ᵐᵉ Procédé. { (TABLEAU RETOURNÉ.) Le Moniteur fera DÉCOMPOSER de vive voix une phrase à chaque Élève, de cette façon : LE MONITEUR: « Premier ! LA VERTU DU JUGE. » — L'ÉLÈVE (LENTEMENT) : « LA VER TU DU JU GE : L A, LA; V ER, VER; T U. TU : LA VERTU — D U, DU ; J U, JU; G E, GE *(je)* : DU JUGE ;» et ainsi de suite. (Remarquez que la *valeur exceptionnelle* n'en est pas une pour l'Élève.)

Méthode de Lecture de la Société pour l'Instruction Élémentaire, par M. PEIGNÉ.   Chez CH. FOURAUT, Libraire-Éditeur, rue Saint-André-des-Arts, 47.

Paris. — Typographie Morris et Compagnie, rue Amelot, 64.

LETTRES.

1ᵉʳ Procédé. { Le Moniteur fera lire *une ligne tout entière* à chaque Élève, en ayant soin de faire observer *un léger repos* entre chaque syllabe des mots qui servent d'exemples. (Il est bien entendu que l'on restera sur cet exercice assez de temps pour que chaque Élève puisse le lire au moins une fois en entier.)

e	s'écrit par	œ (o e).	• •	œu vre
i	par	y (i grec)	• •	my stè re
ii	par	y	• • •	noya de
s	par	ç	• • •	fa ça de
f	par	ph (fi)	• •	*ph*ra se
c	par	qu (cù)	• •	*qu*a tre
cs	par	x (cse)	• • •	ma *x*i me
gz	par	x	• • • •	e*x*er ci ce

MOTS.

2ᵐᵉ Procédé. { Le Moniteur fera lire *un mot* à chaque Élève, en ayant soin de faire lire ce mot *sans aucun repos* entre les syllabes. ON LIRA D'ABORD HORIZONTALEMENT. (Si tous les Élèves du groupe se trompent en lisant un mot, le Moniteur leur fera relire la ligne du premier exercice qui renferme la difficulté de ce mot.)

œuf	vœu	bœuf	cœur	sœur	manœuvre
jury	tyran	martyr	système	syndic	synonyme
loyal	royal	tutoyé	bruyère	aboyeur	pitoyable
reçu	maçon	suçoir	garçon	gerçure	caleçon
phare	sphère	phénix	siphon	sphinx	épitaphe
quête	brique	évêque	banque	physique	équivoque
fi*x*e	oxyde	élixir	excuse	laxatif	axiome
e*x*il	exigu	exorde	exalté	exercé	exactitude

3ᵐᵉ Procédé. { (TABLEAU RETOURNÉ.) Le Moniteur fera DÉCOMPOSER un mot à chaque Élève, de cette façon : LE MONITEUR: « Premier ! TYRAN. » — L'ÉLÈVE : « TY RAN : TY, TY ; R AN, RAN : TYRAN. » LE MONITEUR : « Suivant ! PHYSIQUE. » — L'ÉLÈVE : « PHY SI QUE : PH Y, PHY ; S I, SI (*zi*); QU E, QUE : PHYSIQUE ; » et ainsi de suite. (L'Élève ne doit pas s'occuper des irrégularités orthographiques dans l'énonciation de chaque lettre.)

Méthode de Lecture de la Société pour l'Instruction Élémentaire, par M. PEIGNÉ.   Chez CH. FOURAUT, Libraire-Éditeur, rue Saint-André-des-Arts, 47.

Paris. — Typographie Morris et Cⁱᵉ, rue Amelot, 64.

PHRASES.

1ᵉʳ PROCÉDÉ. { Le Moniteur fera lire une phrase à chaque Élève, en ayant soin de faire observer un *léger repos* entre chaque syllabe.

2ᵐᵉ PROCÉDÉ. { Le Moniteur fera lire une phrase à chaque Élève, en ayant soin de faire lire *couramment*, c'est-à-dire sans aucun repos entre les syllabes.

U ne ma nœu vre, le ty ran, la pré vo yan ce, un gla çon, u ne ca tas tro phe, la quê teu se, un sys tè me, u ne exé cu tion, le my stè re, un bœuf, un re çu, u ne bri que.

Le Mystère, la façade, du phosphore, un quiproquo, de l'élixir, l'exercice, la pyramide, une gerçure, le blasphème, l'exactitude, un axiome, un phénix.

Le ju ry é qui ta ble, u ne œu vre my sté rieu se, la ver te bru yè re, un bra ve gar çon, la quê te a bon dan te, la le çon de phy si que, l'a xe du mon de, l'e xer ci ce de la lan ce, la sœur de l'or phe lin, l'é tu de de la sphè re.

Un cœur agité, une action incroyable, une musique religieuse, le maçon exerce, la banque de prévoyance, un martyr de la liberté, l'exercice du polygone, la générosité du cœur, le syndic de la faillite, la façade d'un édifice.

On ca che un my stè re, ex er ce ta mé moi re, on ad mi re un phé no mè ne, le ma la de a man gé un œuf à la co que, l'é lè ve a re çu u ne le çon de phy si que.

On exige une réparation, on s'exerce à la manœuvre, on a conçu un injuste soupçon sur moi, pratique la maxime du sage, l'admirable système que celui de la nature.

3ᵐᵉ Procédé. { (TABLEAU RETOURNÉ.) Le Moniteur fera DÉCOMPOSER une phrase à chaque Élève, de cette façon : LE MONITEUR: « Premier! LA SŒUR DE L'ORPHELIN. » — L'ÉLÈVE (LENTEMENT) : « LA SŒUR DE L'OR PHE LIN : L A, LA; S ŒUR, SŒUR; D E, DE; L' OR, L'OR; PH E, PHE; L IN, LIN : — LA SŒUR DE L'ORPHELIN ; » et ainsi de suite.

Méthode de Lecture de la Société pour l'Instruction Élémentaire, par M. PEIGNÉ.   Chez CH. FOURAUT, Libraire-Éditeur, rue Saint-André-des-Arts, 47.

Paris. — Impr. Morris et comp., rue Amelot, 64.

LETTRES.

1ᵉʳ Procédé. Le Moniteur fera lire *une ligne tout entière* à chaque Élève, en ayant soin de faire observer *un léger repos* entre chaque syllabe des mots qui servent d'exemples. (Il est bien entendu que l'on restera sur cet exercice assez de temps pour que chaque Élève puisse le lire au moins une fois en entier.)

è	s'écrit par	**ai.** ✓ . . .	chai ne
è	par	**ei.** . . .	pei ne
ô	par	**au** . . .	jau ne
an	par	**en** . . .	men son ge
an	par	**am, em.**	am be, em pi re
in	par	**im** . . .	im por tun
on	par	**om** . . .	om bra ge
ill	par	**il, ll, l** .	ba il, fi lle, ba bil

MOTS.

2ᵐᵉ Procédé. Le Moniteur fera lire *un mot* à chaque Élève, en ayant soin de faire lire ce mot *sans aucun repos* entre les syllabes. ON LIRA D'ABORD HORIZONTALEMENT. (Si tous les Élèves du groupe se trompent en lisant un mot, le Moniteur leur fera lire le mot du premier exercice qui renferme la difficulté, puis on reprendra le mot mal lu.)

laine	maître	plaine	vinaigre	semaine	militaire
reine	seize	veine	baleine	éteignoir	enseigne
aucun	faute	pauvre	taupe	loyauté	royaume
encre	mentir	encore	pension	lenteur	entendre
ambre	bambou	tampon	temple	empêché	rempailleur
imbu	limbe	timbre	timbale	impoli	imbécile
ombre	tombe	nombre	bombe	pompe	catacombes
portail	travail	famille	pillage	péril	persil

3ᵐᵉ Procédé. (TABLEAU RETOURNÉ.) Le Moniteur fera DÉCOMPOSER un mot à chaque Élève, de cette façon : LE MONITEUR : «Premier! PLAINE.» — L'ÉLÈVE (LENTEMENT) : «PLAI NE : PL AI, PLAI ; N E, NE : PLAINE.» LE MONITEUR : «Suivant! TOMBE.» — L'ÉLÈVE : «TOM BE : T OM, TOM ; B E, BE : TOMBE.» (Les sons *ai, ei, au, on, om*, etc., se prononcent *è, ô, an, on*, etc.

Méthode de Lecture de la Société pour l'Instruction Élémentaire, par M. PEIGNÉ. Chez CH. FOURAUT, Libraire-Éditeur, rue Saint-André-des-Arts.

Paris. — Typ. Morris et Comp., rue Amelot, 64.

PHRASES.

1er PROCÉDÉ.	Le Moniteur fera lire une phrase à chaque Élève, en ayant soin de faire observer *un léger repos* entre chaque syllabe.

2me PROCÉDÉ.	Le Moniteur fera lire une phrase à chaque Élève, en ayant soin de faire lire *couramment*, c'est-à-dire sans aucun repos entre les syllabes.

U ne fon tai ne, un chau dron, la rei ne, u ne en clu me, un bam bin, l'em pe reur, l'im pa tien ce, u ne pom pe, u ne bé qui lle, un gril, un por tail, u ne tim ba le, u ne taupe.

La se mai ne pro chai ne, l'en sei gne men son gè re, un em pi re ren ver sé, u ne fa mi lle nom breu se, le sa lai re de la pei ne, la pau vre té du rem pa illeur, la pen sion de ma fi lle, le bail du lo ca tai re, la len teur de la tau pe.

On pei gne la lai ne, on a fen du le tu yau de la fon tai ne, l'au teur a ven du son ou vra ge au li brai re, le men teur se re pen ti ra, le ver ram pe, le pau vre au ra du tra vail.

Du vinaigre, un éteignoir, du baume, l'enfance, une rampe, un timbre, une bombe, du persil, une coquille, un éventail, une embuscade, le militaire, la baleine, un royaume.

La maison champêtre, le nombre seize, une pauvre pension, le bambou flexible, la faute du menteur, le travail de la famille, la chaise du rempailleur, l'importance d'une cause, la veine de la tempe, la loyauté du militaire, le temple fréquenté.

Le maître enseigne, on aime à dormir à l'ombre, une foule nombreuse encombre la porte du temple, ma fille aime le travail, on a empêché le pillage, septembre, novembre, décembre.

3me **Procédé.**	(Tableau retourné.) Le Moniteur fera décomposer de vive voix une phrase à chaque Élève, de cette façon: Le Moniteur : « Premier ! ON A FENDU LE TUYAU DE LA FONTAINE. » — L'Élève (lentement): « ON A FEN DU LE TUY AU DE LA FON TAI NE: ON A FEN, FEN; DU, DU; — LE, LE; TUY, TUY; AU, AU: TUYAU — DE, DE; LA, LA; FON; FON; TAI, TAI; NE, NE: FONTAINE.

Méthode de Lecture de la Société pour l'Instruction Élémentaire, par M. PEIGNÉ.   Chez CH. FOURAUT, Libraire-Éditeur, rue Saint-André-des-Arts, 47.

Paris. — Impr. Morris et comp., rue Amelot, 64.

7ᵉ Classe. LETTRES NULLES. (*SONS* et *ARTICULATIONS.*) **Nº 24.**

LETTRES.

1ᵉʳ Procédé. Le Moniteur indique, avec sa baguette, un son ou une articulation. L'Élève lit ce son ou cette articulation, ainsi que le mot qui sert d'exemple, de cette façon : Le Moniteur : « *Les lettres blanches ne se lisent pas !* Attention ! Premier ! » — L'Élève : « A *est nul dans* PAIN. » Le Moniteur : « Suivant ! » — L'Élève : E *est nul dans* PEIN TRE ; » et ainsi de suite.

SONS.

a est NUL dans p**a**in
e NUL dans p**e**in tre
e NUL dans b**e**au té
e NUL dans fo lie
u NUL dans lan g**u**e
h NUL dans **h**a bi le
h NUL dans ca **h**o té
h NUL dans r**h**ume
h NUL dans t**h**é â tre

ARTICULATIONS MÉDIALES.

c est NUL dans o **c**cu pé
f NUL dans a **f**fi che
l NUL dans ba **l**lon
m NUL dans po **m**me
n NUL dans so **n**neur
p NUL dans a **p**pui
r NUL dans beu **r**re
s NUL dans bo **s**su
t NUL dans bo **t**te

ARTICULATIONS FINALES.

c est NUL dans bro**c**
d NUL dans ni**d**
g NUL dans san**g**
l NUL dans ou ti**l**
p NUL dans dra**p**
s NUL dans re po**s**
t NUL dans sa lu**t**
x NUL dans pri**x**
nt NUL dans ai me**nt**

MOTS.

2ᵐᵉ Procédé. Le Moniteur fera lire *un mot* à chaque Élève, en ayant soin de faire lire ce mot *sans aucun repos* entre les syllabes. (On lira d'abord HORIZONTALEMENT. Si tous les Élèves du groupe se trompent en lisant un mot le Moniteur leur fera lire le mot du premier exercice qui renferme la difficulté, puis on reprendra le mot mal lu.

ainsi	plainte	teindre	ceinture	rideau	cerceau
patrie	armée	guêpe	languir	hibou	hôtel
trahir	cohorte	rhêteur	rhubarbe	thé	méthode
accordé	saccade	étoffe	griffe	village	décollé
gomme	pommade	canne	étonné	nappe	appelé
carré	barricade.	bécasse	assassin	goutte	bottine
tabac	jonc	froid	bavard	étang	faubourg
fusil	coutil	galop	baptême	refus	secours
profit	avocat	époux	frileux	ils rêvent	ils voient

3ᵐᵉ Procédé. (TABLEAU RETOURNÉ.) Le Moniteur fera DÉCOMPOSER un mot à chaque Élève, de cette façon : Le Moniteur : « Premier ! ÉTOFFE. » — L'Élève (LENTEMENT) : « É TO FF E : É ; T O, TO ; double FF E : ÉTOFFE. » Le Moniteur : « Suivant ! CERCEAU. » — L'Élève : « CER CEAU : — C E R, CER ; C E A U, CEAU ; CERCEAU ; » et ainsi de suite.

Méthode de Lecture de la Société pour l'Instruction Élémentaire, par M. PEIGNÉ. Chez CH. FOURAUT, Libraire-Éditeur, rue Saint-André-des-Arts, 47,

Paris. — Typ. Morris et Comp., rue Amelot, 64.

PHRASES.

<table>
<tr><td>1ᵉʳ PROCÉDÉ.</td><td>Le Moniteur fera lire une phrase à chaque Élève, en ayant soin de faire observer un *léger repos* entre chaque syllabe.</td><td>2ᵐᵉ PROCÉDÉ.</td><td>Le Moniteur fera lire une phrase à chaque Élève, en ayant soin de faire lire *couramment*, c'est-à-dire sans aucun repos entre les syllabes.</td></tr>
</table>

U ne com plain te, de la tein tu re, un man teau, la trom pe rie, u ne fi gue, l'hu meur, u ne tra hi son, de la sym pa thie, un rhu me, de l'eau, le thé â tre, u ne com mo de, le dra-peau.

Un é cri vain oc cu pé, u ne a ffai re man quée, u ne pom me mol le, u ne bon ne nap pe, l'ar ri vée de l'a ssa-ssin, u ne gou tte de pluie, le froid de la nuit, le ca nard de l'é tang, la fu-reur du loup, le drap de lit, un ba-ril de si rop, un pe tit dis cours, le prix de la paix.

L'a rri vée du sol dat, a près vingt ans d'ab sen ce, a beau coup sur pris sa fa mil le, on cou pe du jonc dans l'é tang, la rhu bar be ra fraî chit le sang.

La crainte, une feinte, un chapeau, l'épée, la harangue, une cohue, du thé, une ville, la canonnade, du beurre, de la mousse, un fantassin, le régi-ment, le fusil.

Un banc commode, un étang pois-sonneux, une coiffe de mousseline, le nid de la linotte, le faubourg de la ville, la voix du malheureux, l'étoffe du drap, le broc du marchand, un secours opportun, la pommade du coiffeur, l'affaire difficile, le nid de la pie.

Vois donc, ma bonne, je me suis donné un coup si fort, que le sang coule.

Tant pis : vous n'êtes jamais obéis-sant.

Ma bonne, ne le dis pas, je t'en prie.

3ᵐᵉ Procédé. — (TABLEAU RETOURNÉ.) Le Moniteur fera DÉCOMPOSER de vive voix une phrase à chaque Élève, de cette façon : LE MONITEUR : « Premier ! UNE GOUTTE DE PLUIE. » — L'ÉLÈVE (LENTEMENT) : « U NE, NE, UNE ; G OU, GOU ; double TT E, TTE ; GOUTTE ; D E, DE ; PL U I E, PLUIE ; UNE GOUTTE DE PLUIE ; » et ainsi de suite.

Méthode de Lecture de la Société pour l'Instruction Élémentaire, par M. PEIGNÉ. Chez CH. FOURAUT, Libraire-Éditeur, rue Saint-André-des-Arts, 47.

Paris. — Impr. Morris et comp., rue Amelot, 64.

LETTRES.

MOTS.

1er PROCÉDÉ. { Le Moniteur fera lire une ligne tout entière à chaque Élève, en ayant soin de faire observer un *léger repos* entre chaque syllabe des mots qui servent d'exemples.

2me PROCÉDÉ. { Le Moniteur fera lire une phrase à chaque Élève, en ayant soin de faire lire les mots *sans aucun repos* entre les syllabes.

LETTRES				MOTS
a	est NUL dans		a oût	aoriste, taon, Saône, aoûteron.
e	NUL dans		a sseoir	Jean, surseoir, Jeanne.
o	NUL dans		faon	Laon, paon.
k (ca)	POUR	c	al*k*ali	moka, nankin, kiosque.
w double V	POUR	ou faible	*w*ist	wiski
e	POUR	a	fe mme	solennité, prudemment.
ai	POUR	é	*ai* ma ble	aigu, je serai, j'aurai.
ez	POUR	é	ve n*ez*	nez, assez, lisez, étudiez.
er	POUR	é	co ch*er*	boucher, manger, arracher.
œ	POUR	é	f*œ* tus	œdème, œsophage.
eu	POUR	u	il a *eu*	j'eus, tu eus, il eut, ils eurent.
u	POUR	ou	a q*ua* tique	équateur, quatuor.
en	POUR	in	eu ro pé *en*	mentor, vendéen, benjoin.
um	POUR	om	al b*um*	décorum, factum, opium.
ueil	POUR	euill	re c*ueil*	écueil, orgueil, accueil.
ch	POUR	c	*ch*o lé ra	écho, chœur, choriste.
x	POUR	s	soi *x*an te	soixantaine, Auxerre.
x	POUR	z	deu *x*iè me	dixaine, sixième.
gn	POUR	g n	ag *n*us	ignition, regnicole.

3me Procédé. } (TABLEAU RETOURNÉ.) Le Moniteur fera DÉCOMPOSER un mot à chaque Élève, de cette façon : LE MONITEUR : « Premier ! ASSEOIR. » — L'ÉLÈVE (LENTEMENT) : « A SSEOIR : — A ; double SS E O I R, SSEOIR : ASSEOIR. » LE MONITEUR : « Suivant ! DÉCORUM. » — L'ÉLÈVE : « DÉ CO RUM : D É, DÉ ; C O, CO ; R U M, (rom) : DÉCORUM ; » et ainsi de suite.

Méthode de Lecture de la Société pour l'Instruction Élémentaire, par H. PEIGNÉ. Chez CH. FOURAUT, Libraire-Éditeur, rue Saint-André-des-Arts, 47.

Paris. — Typ. Morris et Comp., rue Amelot, 64.

PHRASES.

1ᵉʳ PROCÉDÉ. { Le Moniteur fera lire une phrase à chaque Élève, en ayant soin de faire observer un *léger repos* entre chaque syllabe.

2ᵐᵉ PROCÉDÉ. { Le Moniteur fera lire une phrase à chaque Élève, en ayant soin de faire lire *couramment*, c'est-à-dire sans aucun repos entre les syllabes.

C'est au mois d'*a*oût que l'on fait la moisson.

Le *k*ilomètre vaut mille mètres.

Le cheval h*e*nnit.

J'aime le café mo*k*a.

On aime à porter un pantalon de nan*k*in au mois d'*a*oût.

Cherche*z* et vous trouvere*z*.

Un œdème est une tumeur molle.

Nous e*ú*mes envie de demander à couch*er* dans cet hôtel.

L'é*qu*ateur coupe la terre en deux parties égales.

L'opi*um* fait dormir.

Faites bon acc*ueil* à tout le monde.

Fuye*z* l'org*ueil*.

Entende*z*-vous l'*écho* de la montagne?

Six fois dix font soi*x*ante.

L'homme fut créé le si*x*ième jour.

Pratique*z* la vertu; soye*z* religieux.

Nous sommes tous frères en Jésus-Christ.

La Saône est une rivière de France.

Le *t*aon est une grosse mouche.

Surs*eo*ir, c'est ajourner.

Le faon est le petit d'une biche.

Les *K*almou*k*s habitent la grande Tartarie.

Les villes de Pé*k*in et de Nan*k*in sont en Chine.

Agisse*z* prudemment. Soye*z* aimable.

Adore*z* Dieu, aime*z* et respecte*z* vos parents.

L'œsophage est le canal qui conduit de la bouche à l'estomac.

Les *qu*adrupèdes ont quatre pieds.

Suive*z* les conseils d'un sage m*e*ntor.

Le for*um* était une place publique à Rome.

Le *ch*oléra a reparu dernièrement dans plusieurs villes du midi de la France.

Le *b*enjoin est une résine aromatique.

3ᵐᵉ Procédé. ((Tableau retourné.) Le Moniteur fera décomposer de vive voix une phrase à chaque Élève, de cette façon : Le Moniteur : «Premier! CHERCHEZ ET VOUS TROUVEREZ.» — L'Élève (lentement) : « CHER CHEZ ET VOUS TROU VE REZ : CH ER, CHER; CH EZ, CHEZ; E T, ET; V OUS, VOUS; TR OU, TROU; V E, VE; R EZ, REZ : — CHERCHEZ ET VOUS TROUVEREZ; » et ainsi de suite.

Méthode de Lecture de la Société pour l'Instruction Élémentaire, par M. PEIGNÉ.   Chez CH. FOURAUT, Libraire-Éditeur, rue Saint-André-des-Arts, 47.

Paris. — Impr. Morris et comp., rue Amelot, 64.

LIAISON DES MOTS.

LISEZ :		COMME S'IL Y AVAIT :	
tabac à fumer			**taba** *cà* **fumer.**
soif ardente		—	**soi** *f*ardente.
total exact		—	**tota** *l*exact.
mon ami		—	**mo** *n*ami.
trop étroit		—	**tro** *p*étroit.
petit enfant		—	**peti** *t*enfant.
vous écrirez		—	**vou** *z*écrirez.
deux heures		—	**deu** *z*heures.

PONCTUATION.

, Virgule. (*Un, deux, trois, quatre.*)

. Point. (*Respectez la Vieillesse.*)

: Deux points.

; Point-virgule.

? Point interrogatif. (*Pourquoi?*)

! Point exclamatif. (*Hélas !*)

... Points suspensifs. (*Si j'osais...!*)

' Apostrophe. (*L'amitié.*)

.. Tréma. (*Cet enfant est naïf.*)

- Trait d'union. (*Le beau-père.*)

— Tiret. (*Fais-le. — Je le ferai.*)

« » Guillemets. (*« Adieu »*, *lui dit-il.*)

§ Paragraphe. (§ 1er.)

( ) Parenthèses.

[ ] Crochets.

* Astérisque.

ABRÉVIATIONS.

Mr. M. *Monsieur.*	S. M. *Sa Majesté.*	7bre *Septembre.*
MM. *Messieurs.*	S. A. R. *Son Altesse Royale.*	8bre *Octobre.*
Mme *Madame.*	Demt *Demeurant.*	9bre *Novembre.*
Mlle *Mademoiselle.*	Dépt *Département.*	xbre *Décembre.*
Me *Maître.*	C. A. D. *C'est-à-dire.*	No *Numéro.*
Md *Marchand.*	N. B. *Nota bene.* (Remarquez.)	1er *Premier.*
Le Sr *Le Sieur.*	P. S. *Post-scriptum.* (Écrit après.)	2e *Deuxième.*
Ve *Veuve.*	Ex. *Exemple.*	Der *Dernier.*

Méthode de Lecture de la Société pour l'Instruction Élémentaire, par M. PEIGNÉ. Chez CH. FOURAUT, Libraire-Éditeur, rue Saint-André-des-Arts, 47.

Paris. — Typ. Morris et Comp., rue Amelot, 64.

LIAISON DES MOTS.

Il est difficile de préciser les cas où l'on doit lier les mots entre eux.

La règle la plus générale est celle-ci : LE PLUS LÉGER REPOS ENTRE DEUX MOTS DISPENSE DE LES LIER.

C'est pour cela qu'on fera la liaison dans *du tabac à fumer*, et qu'on ne la fera pas dans « Un faible *estomac* a besoin de beaucoup de ménagements. »

Faites la liaison dans « Un franc étourdi, un grand homme, un chef intrépide, un joug insupportable, un vain espoir, il est trop étourdi, un léger obstacle, il plaît à tout le monde. » Ne faites pas la liaison dans « Ce banc est trop élevé, il est sourd et muet, un faubourg incendié, il est vain à l'excès, un loup affamé, il est léger à la course. »

Remarquez que le *d* final a souvent la valeur du *t* : *Grand homme* ; le *f*, celle du *v* : *neuf ans* ; le *g*, celle du *c* : *un rang honorable* ; le *s* et le *x*, celle du *z* : *deux enfants attentifs.*

PONCTUATION.

La *Ponctuation* sert à indiquer, par des *signes*, les repos de la voix quand on lit, comme aussi elle sert à distinguer les parties d'une même phrase et les phrases entre elles.

La *virgule* (,) indique le plus léger repos. Le *point-virgule* (;) marque une pause plus forte que la virgule. Les *deux points* (:) marquent un repos encore plus considérable que le point-virgule ; enfin, le *point* (.) indique la plus forte de toutes les pauses.

Le point *simple* se met à la fin de toutes les phrases complètes. Le point *interrogatif* (?) se met à la fin d'une phrase interrogative : « Savez-vous lire couramment ? » Le point *exclamatif* (!) se met à la fin d'une exclamation : « O mon fils ! ô ma joie ! ô l'espoir de mes jours ! »

Les autres signes sont l'*apostrophe* ('), le *tréma* (¨), le *trait-d'union* (-), le *tiret* (—), les *parenthèses* ( ) et les *guillemets* (« »).

ABRÉVIATIONS.

M. Lenoir dit : « MM., j'ai rencontré Mᵐᵉ Duclos avec Mˡˡᵉ sa fille ; elles se rendaient chez Mᵉ Delahaye, avocat, à l'effet de se plaindre du Sʳ Lebrun, Mᵈ drapier, et de Mᵐᵉ Vᵉ Lebrun, sa belle-sœur. Sur ces entrefaites, S. M. vint à passer avec S. A. R. ; on venait d'arrêter, je ne sais trop pourquoi, le Sʳ Saujon, demᵗ à Chartres, dépᵗ d'Eure-et-Loir, c.-à-d. qu'on avait saisi sur lui une lettre datée du mois de 7ᵇʳᵉ, d'8ᵇʳᵉ ou de 9ᵇʳᵉ, et au bas de laquelle il y avait un *N. B.* par forme de *P. S.*, qui parlait d'un complot. Cet individu dit qu'il demeurait rue de Lourcine, N° 93, non pas au 1ᵉʳ étage, ni au 2ᵉ, ni au 3ᵉ, mais au dᵉʳ. Vous pensez bien, MM., que je ne songeai plus guere alors à Mᵐᵉ Duclos, à Mˡˡᵉ sa fille, à Mᵉ Delahaye, au Sʳ Lebrun, ni à la Vᵉ Lebrun : j'étais trop occupé de S. M., de S. A. R., et du Sʳ Saujon.

Méthode de Lecture de la Société pour l'Instruction Élémentaire, par M. PEIGNÉ.   Chez CH. FOURAUT, Libraire-Éditeur, rue Saint-André-des-Arts, 47.

DES VERTUS ET DES VICES.

La **VERTU** nous porte à faire le bien et à éviter le mal.

Le **VICE** est l'ennemi de la vertu.

La source de toutes les vertus, c'est la **JUSTICE**.

Elle nous apprend à faire pour les autres ce que nous voudrions qu'ils fissent pour nous-mêmes. Toute action contraire à ce précepte est une *Injustice*.

L'AMOUR DU TRAVAIL assure à l'homme mille moyens d'être heureux.

Le travail est le gardien des vertus ; car tandis que nous travaillons, nous ne contractons pas de mauvaises habitudes. L'*Oisiveté*, au contraire, est la mère de tous les vices ; car l'homme qui ne fait rien apprend ordinairement à mal faire.

La **MODESTIE** consiste à ne point être fier de ses talents ou de ses vertus.

Au contraire, l'**ORGUEIL** est une opinion avantageuse de soi-même, accompagnée de mépris pour les autres. La modestie fait briller les talents ; l'orgueil, partage des sots, rend ceux-ci insupportables aux autres hommes.

La **BONNE FOI** est l'attachement inviolable à garder notre parole : elle nous impose le devoir de ne jamais tromper personne. La bonne foi est la compagne de la *Sincérité*.

Celui qui parle contre la vérité et contre sa conscience fait un *Mensonge*.

On appelle *Tempérance* la modération en toutes choses, et *Sobriété* la modération dans l'usage du boire et du manger. La sobriété entretient la santé et nous préserve des excès de l'*Intempérance*. — Celle-ci trouble la raison, abrutit l'esprit, détourne l'ouvrier de son travail, le marchand de son commerce, et conduit bien des hommes à l'hôpital.

La **DOUCEUR** nous fait aimer de nos semblables ; la *Colère* et la *Méchanceté* font qu'ils nous craignent et nous évitent.

Méthode de Lecture de la Société pour l'Instruction Élémentaire, par M. PEIGNÉ.   Chez CH. FOURAUT, Libraire-Éditeur, rue Saint-André-des-Arts, 47.

Paris. — Typ. Morris et Comp., rue Amelot, 64.

REGLEMENT DE CONDUITE.

Croyons en Dieu ; que notre piété soit sincère et ferme.

Honorons notre père et notre mère ; respectons nos maîtres, nos bienfaiteurs et les vieillards.

Soyons toujours prêts à secourir nos semblables : vivons avec eux dans l'union et dans la charité.

Montrons-nous humains et généreux.

Taisons nos bienfaits ; ne les reprochons jamais.

Que l'honneur nous guide dans toutes nos actions.

Ne trompons jamais personne ; disons toujours la vérité ; soyons fidèles à notre parole.

Pardonnons facilement ; soyons discrets ; que le mérite, la richesse ou le bonheur des autres n'excite jamais chez nous une indigne envie.

N'ayons point d'orgueil ; ne nous louons jamais nous-mêmes.

Soyons modestes dans la prospérité ; supportons l'adversité avec courage, avec constance, avec résignation.

Ne faisons souffrir personne de nos peines.

Montrons-nous indulgents pour tous les défauts d'autrui.

Ne méprisons personne.

Ne parlons jamais mal des personnes absentes ; soyons prudents avec celles devant lesquelles nous nous trouvons.

Recevons les conseils avec reconnaissance.

Ne mettons point de précipitation dans nos jugements.

Ne perdons point le temps à des choses frivoles.

Parlons peu, pensons bien, gardons nos secrets.

Choisissons nos amis, recherchons la société des honnêtes gens.

Ayons des mœurs régulières et pures ; soyons sobres ; gardons-nous de la passion du jeu ; immolons nos plaisirs à nos devoirs ; sachons borner nos désirs.

C'est dans l'adversité qu'on voit le mieux ce que chacun a de *vertu* ; car les occasions ne rendent pas l'homme fragile, mais elles montrent ce qu'il est.

Ayons donc horreur du mal, et attachons-nous constamment au bien ; car les vertus ne s'acquièrent qu'avec beaucoup de soins et des efforts constants.

Méthode de Lecture de la Société pour l'Instruction Élémentaire, par M. PEIGNÉ. Chez CH. FOURAUT, Libraire-Éditeur, rue Saint-André-des-Arts, 47.

Paris. — Typ. Morris et Comp., rue Amelot, 64.

DEVOIRS COMMUNS A TOUTES LES PROFESSIONS.

Le *travail,* dirigé par l'intelligence, porte l'abondance dans chaque famille.

L'*économie* conserve ce que le travail a produit.

Le bon *emploi du temps* et des *forces* multiplie ces moyens et en accroît la puissance.

La *tempérance,* qui conserve la santé, ajoute de nouvelles forces et des ressources toujours nouvelles. Ainsi, l'homme industrieux et sage devient l'artisan de sa propre fortune. Heureux et tranquille, il élève sa famille, et, par son activité, il contribue à l'ordre et au bonheur de la société, qui ne subsiste en paix que par le *travail, l'industrie* et la pratique de toutes les *vertus.*

Bientôt vous sortirez de l'enfance, et vous devrez choisir un état, puisque, comme vous venez de le voir, le travail est la condition nécessaire de l'homme.

Oui, mes amis, c'est le travail qui assure à l'homme sa subsistance de tous les jours, et qui prépare le repos de sa vieillesse ; c'est le travail qui éloigne la pauvreté ; c'est par lui que les enfants, grandissant à l'abri des vices et de la misère, deviennent, à leur tour, des citoyens utiles ; c'est le travail enfin qui nous procure l'aisance, la considération, la protection des lois et la plus noble indépendance.

Que l'homme honore donc sa profession par la *vertu,* dans quelque état que la Providence l'ait placé.

Tous les états sont honorables s'ils sont utiles : tout homme sera honoré s'il est vertueux, et la vertu devient une récompense, parce que l'artisan laborieux, frugal, économe et fidèle, ne peut manquer de prospérer et de réussir dans ses entreprises. En un mot, étudiez soigneusement ce qui a rapport à votre profession, et vous deviendrez habiles; soyez laborieux et économes, et vous deviendrez riches; évitez les excès de l'intempérance, et vous conserverez votre santé ; pratiquez toujours la vertu, et vous serez heureux.

Méthode de Lecture de la Société pour l'Instruction Élémentaire, par M. PEIGNÉ.   Chez CH. FOURAUT, Libraire-Éditeur, rue Saint-André-des-Arts, 47.

Paris. — Typ. Morris et Comp., rue Amelot, 64.

DU CHOIX D'UN ÉTAT.

Si vous êtes maître de choisir un état, choisissez-le de bonne heure, tâchez surtout de prendre une profession qui se rapporte aux besoins réels de la société, et qui, après un apprentissage également utile et nécessaire, vous laisse maître de votre industrie. — *L'agriculture,* les *manufactures,* les *arts mécaniques,* voilà, autant qu'il est possible, ce qui doit, en général, fixer votre choix. Cependant, l'ordre même de la société exige que toutes les professions qui ne sont par elles-mêmes ni dangereuses pour les mœurs ni déshonorantes soient remplies.

Un serviteur sage, laborieux, fidèle, attaché à ses maîtres, sera toujours un homme justement considéré. Il devient, en quelque sorte, membre de la famille au service de laquelle il s'est consacré.

Mais, quelle que soit votre profession, n'oubliez pas que la jeunesse est le seul temps où vous puissiez, par des habitudes régulières, vous préparer l'aisance pour l'avenir. Songez à devenir un jour votre propre maître, car le bien le plus cher, c'est l'indépendance.

Choisissez donc, avant toutes choses, un état qui, tout en assurant votre existence personnelle, vous assure également cette indépendance de position qui n'a de limites que celles qu'ont posées les lois protectrices de l'ordre social.

Une erreur, trop fréquente et bien déplorable, c'est celle que commet un enfant qui, rougissant de la profession de son père, veut en embrasser une plus *distinguée.* Il a eu le bonheur d'acquérir, dans les écoles publiques, quelques connaissances dont son amour-propre s'enorgueillit. Il se croit un *savant,* et il dédaigne les professions manuelles. Il ne sait pas quels dégoûts, quelles humiliations l'attendent. Mes bons amis, héritez de la profession de vos parents : elle vous donnera le bonheur, peut-être même la gloire.

Méthode de Lecture de la Société pour l'Instruction Élémentaire, par M. PEIGNÉ.   Chez CH. FOURAUT, Libraire-Éditeur, rue Saint-André-des-Arts, 47.

Paris. — Typ. Morris et Comp., rue Amelot, 64.

DE L'ESPRIT DE CONDUITE DANS SON ÉTAT.

Quel que soit votre état, s'il est honorable, s'il suffit à votre existence, sachez le conserver. Attachez-vous à bien connaître tous les détails et tout l'ensemble de votre profession : l'habitude vous les rendra chaque jour plus faciles.

L'emploi du temps est toute votre richesse. Employez donc votre temps avec zèle, discernement et prudence. Occupez-vous sérieusement de ce que vous avez à faire. N'ayez jamais dans l'esprit qu'une seule chose, celle dont vous êtes occupé. Le sage a dit : « *Faites ce que vous faites,* » c'est-à-dire portez toute votre attention sur la seule chose que vous devez faire. Chaque chose a son temps.

Craignez toute *dépense* inutile ou frivole. Ne dépensez que les deux tiers de ce que vous recevez, et placez l'autre tiers à la *Caisse d'épargne*. Ne faites jamais de *dettes :* les dettes sont l'esclavage le plus dur qu'un homme puisse subir ; elles ne conduisent qu'à la misère.

Si, par votre esprit d'ordre et d'économie, vous acquérez du *crédit,* ne vous livrez point à des entreprises au-dessus de vos forces. Payez régulièrement aux échéances tout ce que vous aurez acheté : c'est le seul moyen d'obtenir la confiance.

Écrivez toujours vos recettes et vos dépenses. — Que toutes les heures destinées au travail ne soient employées qu'au travail ; que les heures de repos soient consacrées au repos. Mais gardez-vous de prendre des parties de débauche pour du repos ; gardez-vous surtout d'y consommer votre gain, et de perdre dans l'ivresse la raison et les forces qui vous sont nécessaires pour le travail.

On croit que la probité consiste uniquement à ne pas voler l'argent dans la poche des autres : celui qui trompe sur le poids, sur la mesure, sur la qualité, sur le prix de sa marchandise, celui-là n'est point un honnête homme, c'est véritablement un voleur.

Méthode de Lecture de la Société pour l'Instruction Élémentaire, par M. PEIGNÉ.　　Chez CH. FOURAUT, Libraire-Éditeur, rue Saint-André-des-Arts, 47.

Paris. — Typ. Morris et Comp., rue Amelot, 64.

PREMIÈRES CONNAISSANCES.

DE LA PAROLE. — La *parole* se manifeste par des *sons*. — Le *son* est le bruit qui frappe nos oreilles quand on parle. Les sons reçoivent certaines modifications exprimées par les *mouvements* qu'exécutent le gosier, le palais, la langue, les dents et les lèvres.

Prononcés seuls ou avec un mouvement, les sons forment des *syllabes*. — Une *syllabe* ou plusieurs syllabes réunies des *touts* qu'on appelle *mots*. Un *mot* d'une seule syllabe s'appelle *monosyllabe* (DIEU); un mot de plusieurs syllabes s'appelle *polysyllabe* (DIVINITÉ).

DE L'ÉCRITURE. — Dès qu'il y eut un langage, on sentit le besoin de le représenter. — A cet effet, on figura les sons et les mouvements au moyen de caractères appelés *lettres* : l'écriture est donc la représentation des mots au moyen des lettres.

DE LA LECTURE. — En même temps qu'on apprenait à tracer des lettres, on en apprenait nécessairement la valeur. On désigne cette dernière connaissance sous le nom de *lecture*. — L'écriture et la lecture sont comme la clef des arts et des sciences : l'homme qui ne sait ni lire ni écrire ne vit qu'à demi.

DE LA GRAMMAIRE. — La *Grammaire* est une science qui nous enseigne à exprimer nos pensées au moyen de la parole ou de l'écriture, conformément au meilleur usage. On appelle encore *grammaire* la réunion de toutes les règles du langage.

Maintenant que vous savez lire et écrire, il faut que vous appreniez la grammaire. La partie de la grammaire qui renferme les règles du *langage* s'appelle *orthologie;* on appelle *orthographie* l'art d'*écrire* correctement. Si le même signe avait toujours la même valeur, si deux signes différents ne servaient point souvent à représenter la même chose, vous sauriez bientôt l'orthographe : malheureusement il n'en est point encore ainsi.

Méthode de Lecture de la Société pour l'Instruction Élémentaire, par M. PEIGNÉ.   Chez CH. FOURAUT, Libraire-Éditeur, rue Saint-André-des-Arts, 47.

Paris. — Impr. Morris et comp., rue Amelot, 64.

PREMIÈRES CONNAISSANCES.

On appelle JOUR l'espace de temps qui s'écoule depuis le lever apparent du soleil jusqu'à son coucher. — On appelle NUIT l'espace de temps qui s'écoule depuis le coucher apparent du soleil jusqu'à son lever.

DIVISIONS DU JOUR. — Le jour se divise en vingt-quatre parties égales que l'on appelle *heures :* il faut donc vingt-quatre heures pour un jour. — L'heure se divise à son tour en soixante parties égales, que l'on appelle *minutes :* il faut donc soixante minutes pour une heure. — Enfin la minute se divise en soixante parties égales, que l'on appelle *secondes :* il faut donc soixante secondes pour une minute. — Le balancier de certaines horloges marque les secondes à chaque coup.

DE LA SEMAINE, DU MOIS ET DE L'ANNÉE. — Une SEMAINE est un espace de *sept* jours. En voici les noms : *lundi, mardi, mercredi, jeudi, vendredi, samedi* et *dimanche.*

UN MOIS est, en général, un espace de *trente* jours. — Il y a *douze* mois : *janvier, février, mars, avril, mai, juin, juillet, août, septembre, octobre, novembre* et *décembre.*

UNE ANNÉE est un espace de *douze* mois, ou bien de *cinquante-deux* semaines, ou bien encore de *trois cent soixante-cinq* jours. Cent ans forment un *siècle.*

Le plus long jour de l'année est le **23** ou le **24** juin ; le plus court, le **21** ou le **22** décembre.

On divise l'année en quatre parties que l'on appelle *saisons.* — Il y a donc quatre saisons : le *printemps,* l'*été,* l'*automne* et l'*hiver.* Chaque saison dure trois mois. — Le printemps commence du **20** au **21** mars ; l'été, du **20** au **21** juin ; l'automne, du **21** au **22** septembre ; et l'hiver du **20** au **21** décembre.

Méthode de Lecture de la Société pour l'Instruction Élémentaire, par M. PEIGNÉ.　　　Chez CH. FOURAUT, Libraire-Éditeur, rue Saint-André-des-Arts, 47.

Paris. — Typ. Morris et Comp., rue Amelot, 64.

PREMIÈRES CONNAISSANCES.

LE CIEL est cette partie de l'univers qui paraît s'étendre au-dessus de nos têtes, et dans laquelle sont placés tous les corps célestes.

LE SOLEIL éclaire le monde ; il est la source de la chaleur ; il fait germer, il mûrit les fruits de la terre. Le soleil semble parcourir une partie du ciel pendant le jour : cependant il reste toujours fixé à la même place, seulement il tourne sur lui-même dans l'espace de vingt-cinq jours et demi.

LES ÉTOILES sont de petits flambeaux qui brillent au-dessus de nos têtes. Elles ne semblent si petites qu'à cause de leur prodigieux éloignement de la terre. — Il y a des étoiles *fixes* et des étoiles *mouvantes :* les étoiles mouvantes sont appelées *planètes.*

Les étoiles fixes sont des corps lumineux qui restent toujours à la même distance de la terre, et qui gardent toujours entre eux la même position. — Les *planètes,* au contraire, changent continuellement de position, en tournant autour du soleil. Elles ne brillent que par la lumière qu'elles reçoivent de cet astre.

LA LUNE est une planète, qui ne nous éclaire qu'en nous renvoyant la lumière du soleil. La marche de la lune est assez remarquable. Elle tourne autour de la terre en vingt-sept jours sept heures quarante-trois minutes ; elle tourne aussi sur elle-même dans un égal espace de temps, et elle suit le mouvement du soleil. — Il faut encore remarquer les différentes *phases* de la lune, c'est-à-dire les différentes formes sous lesquelles elle se présente à nous. Elle paraît tantôt ronde, tantôt sous la forme d'un croissant, tantôt enfin nous ne la voyons plus du tout.

Nouvelle lune ●. côté invisible ; — *premier quartier* ◑ : — *pleine lune* ◎ ; — *dernier quartier* ◐.

Méthode de Lecture de la Société pour l'Instruction Élémentaire, par M. PEIGNÉ.   Chez Cil. FOURAUT, Libraire-Éditeur, rue Saint-André-des-Arts, 47.

Paris. — Typ. Morris et Comp., rue Amelot, 64.

PREMIÈRES CONNAISSANCES.

TERRE. — Nous avons vu que la terre tourne autour du soleil ; en même temps, elle tourne sur elle-même. Ce dernier mouvement s'opère en vingt-quatre heures ; celui que la terre fait autour du soleil s'opère dans l'espace de 365 jours, ou d'une année.

POINTS CARDINAUX. — Comme il a fallu fixer la position des astres et des planètes, on a supposé quatre points principaux placés de manière à figurer les quatre coins du monde. On les a appelés *points cardinaux.* Quand nous nous tournons vers le *sud,* ou *midi,* nous avons l'*est,* ou *levant,* à notre gauche ; l'*ouest,* ou *couchant,* à notre droite ; le *septentrion,* ou *nord,* derrière nous.

ATMOSPHÈRE. — L'atmosphère est une vaste couche d'air qui entoure la terre. C'est là que se forment les *nuages,* la *pluie,* la *neige,* la *grêle,* les *vents,* les *éclairs* et le *tonnerre.*

NUAGES. — Le soleil, par sa chaleur, change l'eau en vapeurs qui se mêlent dans l'air à d'autres exhalaisons de la terre : ce mélange forme les *nuages.*

PLUIE. — A mesure que le soleil attire les vapeurs dans l'air, ces vapeurs s'épaississent. — Les petites parties d'eau qui les composent se rapprochent, se resserrent, deviennent plus lourdes. Elles tombent alors en gouttes d'eau, ou bien elles descendent sur la terre en *brouillards* ou en *rosée.*

NEIGE. — S'il fait froid, les vapeurs se changent en petits flocons blancs, auxquels on a donné le nom de *neige.*

GRÊLE. — Si le froid est très-vif, les gouttes d'eau se changent en petits morceaux de glace : c'est de la *grêle.*

VENTS. — Le *vent* n'est autre chose que l'air mis en état d'agitation. Le vent est plus ou moins froid, selon qu'il vient du *nord* ou du *midi.*

ÉCLAIR. — L'*éclair* est cette lumière vive qui précède le bruit du *tonnerre.*

TONNERRE. — On appelle ainsi l'explosion subite d'une certaine matière appelée *fluide électrique.*

Méthode de Lecture de la Société pour l'Instruction Élémentaire, par M. PEIGNÉ.   Chez CH. FOURAUT, Libraire-Éditeur, rue Saint-André-des-Arts, 47.

Paris. — Typ. Morris et Comp., rue Amelot, 64.

PREMIÈRES CONNAISSANCES.

DE LA GÉOGRAPHIE. — La *Géographie* est la description de la *terre.*

LA TERRE se divise en cinq parties, l'*Europe,* l'*Asie,* l'*Afrique,* l'*Amérique* et l'*Océanie.*

CONTINENT. — Un *continent,* qu'on appelle aussi *terre ferme,* est une grande portion de terre qui comprend plusieurs pays qui se touchent.

MER. — Une *mer* est une immense étendue d'eau amère et salée.

ILE. — C'est une portion de terre entièrement environnée d'eau.

PRESQU'ILE. — C'est une portion de terre presque entièrement entourée d'eau.

ISTHME (*prononcez Isme*). — C'est une langue de terre qui unit une presqu'île à la terre ferme.

CAP. — Un *cap* est une partie de terre élevée qui s'avance dans la mer.

CÔTE. — Une *côte* est une partie de terre qui est baignée par la mer.

MONTAGNE. — C'est une grande masse de terre ou de roche qui s'élève sur la surface du globe.

ARCHIPEL. — C'est une étendue de mer entrecoupée d'îles.

GOLFE. — C'est une quantité d'eau qui entre dans un pays, et qui s'y arrête sans perdre communication avec la mer.

RADE. — C'est un endroit où les vaisseaux sont à l'abri du vent.

DÉTROIT. — C'est une portion de mer resserrée entre deux terres.

LAC. — C'est une grande étendue d'eau douce et dormante qui ne tarit jamais, et qui n'a aucune communication apparente avec la mer.

RIVIÈRE. — C'est une eau de source qui coule toujours jusqu'à ce qu'elle se jette dans une autre rivière ou dans la mer.

On donne le nom de *fleuve* à une rivière qui va directement se jeter dans la mer.

Méthode de Lecture de la Société pour l'Instruction Élémentaire, par M. PEIGNÉ. Chez CH. FOURAUT, Libraire-Éditeur, rue Saint-André-des-Arts, 47.

Paris. — Impr. Morris et comp., rue Amelot, 64.

PREMIÈRES CONNAISSANCES.

Des cinq parties du monde. — 1° L'EUROPE est la moins grande des cinq parties du monde ; mais elle est la plus considérable, tant par le nombre de ses habitants que parce qu'elle est le centre des lumières, des arts, de la civilisation et du commerce. Elle a 1,100 lieues dans sa plus grande longueur, et 900 lieues dans sa plus grande largeur. — Sa population est de 260 millions d'habitants.

2° L'ASIE a environ 2,400 lieues de l'est à l'ouest, et 1,900 lieues du nord au sud. Sa population est de 580 millions d'habitants.

3° L'AFRIQUE a environ 1,700 lieues du nord au sud, et 1,650 lieues de l'est à l'ouest.

4° L'AMÉRIQUE semble avoir été divisée par la nature en deux parties, l'une septentrionale et l'autre méridionale. — Son étendue est de 3,400 lieues du nord au sud ; sa largeur est de 850 lieues dans la partie septentrionale, et de 900 dans la partie méridionale.

5° L'OCÉANIE est composée de la *Nouvelle-Hollande,* qui est une île presque aussi grande que l'Europe, et de quelques îles plus petites de l'archipel d'Asie et de la mer du Sud. — C'est dans l'Océanie, à Botany-Bay, que les Anglais déportent leurs condamnés.

Je ne puis pas ici entrer dans de plus grands détails en ce qui concerne les cinq parties du monde. Je me bornerai à vous dire quelques mots de la France, pays que vous devez connaître avant tout autre.

La France a environ 220 lieues du nord au sud, et 200 lieues de l'est à l'ouest. — Elle est bornée au nord par la *Manche;* à l'ouest par l'*Océan Atlantique;* au sud par la *Méditerranée;* à l'est par les *Alpes,* le *Jura* et le *Rhin.* — Elle est divisée en 86 *départements;* chaque département en *arrondissements* ou sous-préfectures ; les arrondissements en *cantons,* et les cantons en *communes.* — Sa population est d'environ 37 millions d'habitants.

Paris est la capitale de la France.

Méthode de Lecture de la Société pour l'Instruction Élémentaire, par M. PEIGNÉ.   Chez CH. FOURAUT, Libraire-Éditeur, rue Saint-André-des-Arts, 47.

Paris. — Typ. Morris et Comp., rue Amelot, 64.

PREMIÈRES CONNAISSANCES.

DE L'ARITHMÉTIQUE. — L'*Arithmétique* est la science des nombres et du calcul. Le *nombre* est la réunion de plusieurs unités de même espèce. Ainsi *huit* (8) est un nombre parce qu'il est composé de huit fois une chose. — Les nombres *abstraits* sont ceux qui ne s'appliquent à aucune espèce de chose déterminée, comme 6, 9, 25 ; les nombres *concrets* sont ceux qui s'appliquent à une espèce de chose connue, comme 6 chevaux, 9 moutons, 25 poules.

Pour représenter les nombres on a imaginé des caractères appelés *chiffres.* Ces chiffres sont 0, 1, 2, 3, 4, 5, 6, 7, 8, 9. — Ces dix unités font une *dizaine;* dix dizaines font une *centaine ;* dix centaines font un *mille,* etc.

Les opérations fondamentales de l'arithmétique sont l'*addition,* la *soustraction,* la *multiplication* et la *division.*

DU DESSIN. — Le *Dessin* est l'art de représenter avec le crayon la forme d'un corps quelconque, comme une *maison,* un *arbre,* ou même une *personne.*

Autrefois on commençait l'étude du dessin ombré par les détails : on dessinait un nez, une bouche, des yeux, des oreilles, puis une tête ; on dessinait ensuite d'après la *bosse,* c'est-à-dire d'après des figures en plâtre.

Aujourd'hui c'est tout le contraire : on commence par imiter les contours de certaines figures de plâtre, de façon que d'un ovale on arrive peu à peu à une figure complète : les élèves font par ce moyen des progrès très-rapides.

DE LA MUSIQUE. — La *Musique* est une science qui traite des rapports et de l'accord des sons.

C'est une étude aussi agréable qu'utile.

On commence par apprendre à *lire* la musique, puis on exécute de petits morceaux, puis des morceaux de plus longue haleine. Un morceau que l'on chante seul s'appelle *solo ;* on appelle *duo* un morceau à deux voix, *trio* un morceau à trois voix, *quatuor* à quatre voix.

Méthode de Lecture de la Société pour l'Instruction Élémentaire, par J. PEIGNÉ.   Chez CH. FOURAUT, Libraire-Éditeur, rue Saint-André-des-Arts, 47.

Paris. — Typ. Morris et Comp., rue Amelot, 64.

PREMIÈRES CONNAISSANCES.

DE L'AGRICULTURE. — ***L'Agriculture*** est l'art de cultiver la terre et de la faire fructifier. Il faut que le laboureur puisse juger au premier coup d'œil, par l'exposition et la couleur des terres, quelle en est la propriété; il faut qu'il sache comment la terre doit être préparée, qu'il entende parfaitement la culture et les règles à observer pour donner les labours nécessaires, pour semer à propos et connaître les qualités du bon blé et des autres grains. Il faut encore que l'agriculteur soit versé dans ce qui regarde la vigne, les prés, les bois, la plantation et la taille des arbres; qu'il sache tout ce qui intéresse les bestiaux; qu'il connaisse leur nourriture favorite, les maladies auxquelles ils sont sujets et les remèdes propres à les guérir. Il est également indispensable qu'il se tienne au courant des progrès de l'industrie en ce qui est relatif aux instruments aratoires.

DU COMMERCE. — Le ***Commerce*** est l'art d'échanger, d'acheter et de vendre toutes sortes de marchandises, dans la vue de faire un profit légitime. Avant que les monnaies de métal ou de toute autre nature fussent inventées, le commerce consistait uniquement dans l'échange des choses nécessaires à la vie, comme cela se pratique encore aujourd'hui dans une partie de la Russie, parmi divers peuples de l'Asie et de l'Afrique, et chez la plus grande partie de ceux de l'Amérique. Il n'y a pas de membres plus utiles à la société que les commerçants: ils unissent les hommes par un échange mutuel de services, rapprochent les nations les plus éloignées, distribuent dans l'univers les dons de la nature, occupent les pauvres et augmentent les biens des riches.

Un commerçant doit savoir bien calculer, connaître la tenue des livres, la géographie, les poids, les mesures et les monnaies; il doit parler plusieurs langues, et avoir étudié les lois et les coutumes des pays dans lesquels il a des relations.

Méthode de Lecture de la Société pour l'Instruction Élémentaire, par M. PEIGNÉ.   Chez CH. FOURAUT, Libraire-Éditeur, rue Saint-André-des-Arts, 47.

Paris. — Typ. Morris et Comp., rue Amelot, 64.

INVENTIONS.

Sous le règne de Clovis II, c'est-à-dire vers 642, saint Landri fonda à Paris un lieu de refuge pour les pauvres et les voyageurs : c'est l'origine des *hospices*. Cet exemple pieux fut imité jusqu'à Louis IX, qui, au retour de la Terre-Sainte, donna une retraite à trois cents de ses compagnons d'armes, auxquels les Sarrasins avaient crevé les yeux.

La première *horloge* à roues qui ait paru en France fut envoyée, vers 760, à Pépin le Bref, par le pape Paul Iᵉʳ.

Les *chandelles* de suif furent, dans leur principe, un objet de luxe, comme l'est, de nos jours, la bougie transparente. Avant 1300, on ne s'éclairait qu'avec des éclats de bois dans les chaumières : on ne brûlait de l'huile que dans les maisons riches.

La *Pomme de terre*, apportée d'Amérique en Europe par des vaisseaux anglais, en 1586, ne fut d'abord cultivée que comme un objet de curiosité ; mais, après deux siècles d'insouciance, les nations du Nord, éclairées par l'expérience, cultivèrent à l'envi ce précieux végétal. La France le dédaigna trop longtemps : un cuisinier eût cru déshonorer son maître s'il en eût servi sur sa table.

Parmentier, par ses écrits et par les efforts soutenus de la plus active philanthropie, parvint à généraliser en France la culture de la pomme de terre. Il prouva qu'elle pouvait flatter les goûts les plus délicats, et qu'on pourrait la cultiver dans les terrains les plus stériles. Depuis Parmentier, on a tiré de la pomme de terre de l'eau-de-vie, de la potasse, une couleur jaune, une autre grise, du papier d'emballage, etc., etc. : c'est une véritable mine d'or.

La première *manufacture de bas* fut établie en France, en 1656, dans le château de Madrid, au bois de Boulogne, près Paris, sous la direction d'un nommé Hindret.

Méthode de Lecture de la Société pour l'Instruction Élémentaire, par M. PEIGNÉ.   Chez CH. FOURAUT, Libraire-Éditeur, rue Saint-André-des-Arts, 47.

Paris. — Typ. Morris et Comp., rue Amelot, 64.

INVENTIONS.

La plus ancienne feuille de *papier* de chiffons est de **1319.** Elle a été trouvée dans les archives de Nuremberg. Cette précieuse feuille plaide en faveur de l'Allemagne, quoiqu'on ait longtemps soutenu que l'Italie a vu naître cette utile invention.

Par des gradations insensibles, des livres d'écorce ont succédé aux livres de pierre, puis on eut des livres de lames de bois enduites de cire, des livres de cuir, de parchemin, de chiffons de soie, de chiffons de coton, enfin des livres de chiffons de chanvre.

L'invention de *l'Imprimerie* eut lieu à Mayence, patrie de Jean Guttemberg. Après quelques essais infructueux, cet homme imagina de graver sur des planches de bois des pages entières, que l'on imprimait ensuite autant de fois que l'on voulait : ce fut là le premier pas. C'était beaucoup, mais ce n'était pas encore assez ; il fallait un travail immense pour graver ainsi un seul ouvrage, et Guttemberg voulait abréger le temps. Il mit en œuvre un nouveau moyen : il sculpta en relief des lettres mobiles, ou sur bois ou sur métal. Ces lettres se plaçaient les unes à côté des autres, enfilées par un cordon, comme les grains d'un chapelet.

Ces tentatives lui réussirent peu et épuisèrent sa fortune. Il se vit obligé, en **1444,** de retourner à Mayence, et de s'associer à un orfèvre appelé Fusth, qui lui fournit de l'argent. Ils admirent dans leur société un homme industrieux et éclairé, Pierre Schœffer, Allemand. — Ce fut lui qui acheva la découverte de l'imprimerie, en trouvant le secret de fondre les caractères, que jusqu'alors on avait soufflés un à un.

C'est sous Charlemagne que remonte l'usage de compter par *livres, sous* et *deniers.* Il avait même prescrit l'uniformité des poids et des mesures, uniformité que nous ne possédons encore qu'imparfaitement.

Méthode de Lecture de la Société pour l'Instruction Élémentaire, par M. PEIGNÉ.   Chez CH. FOURAUT, Libraire-Éditeur, rue Saint-André-des-Arts, 47.

Paris. — Typ. Morris et Comp., rue Amelot, 64.

INVENTIONS.

Au commencement du dix-septième siècle, les *fusils* furent substitués à l'arquebuse et au mousquet. Cette arme, malgré la supériorité qu'elle a sur celle qu'elle devait remplacer, ne fut cependant adoptée définitivement qu'en **1703**. Louis XIV, sur l'avis du maréchal de Vauban, ordonna que les piques fussent supprimées et remplacées par des fusils armés de baïonnettes.

On avait observé la merveilleuse propriété qu'a l'aimant de communiquer à une légère aiguille la vertu de se diriger constamment vers le nord de la terre : on ne tarda pas à sentir l'usage qu'on pouvait en faire pour régler la navigation, et l'on construisit la *boussole*, cet instrument si utile et qui est devenu si commun. Cette invention procurant un moyen aussi sûr que facile de reconnaître, dans toutes les saisons et dans tous les lieux, le nord et le sud, les navigateurs ne furent plus réduits à se guider par la lumière des étoiles et par l'observation des côtes. Ils abandonnèrent la méthode lente et timide de côtoyer le rivage ; ils se lancèrent hardiment en pleine mer, et, sur la foi de leur nouveau guide, ils naviguèrent au milieu de la nuit la plus sombre et dans le temps le plus nébuleux, avec une sécurité et une précision dont on n'avait pas encore eu d'idée.

Le *thermomètre* est un instrument destiné à mesurer les degrés du froid ou de la chaleur. Il a été inventé, en **1660**, par Corneille Dressel, Hollandais.

Le *baromètre*, qui sert à mesurer la pesanteur de l'atmosphère et ses variations, est dû à Torricelli, qui avait reconnu la pesanteur de l'air. Il publia son invention en **1646**, et d'autres physiciens célèbres le perfectionnèrent après lui.

Méthode de Lecture de la Société pour l'Instruction Élémentaire, par H. PEIGNÉ.　　　Chez CH. FOURAUT, Libraire-Éditeur, rue Saint-André-des-Arts, 47.

Paris. — Impr. Morris et comp., rue Amelot, 64.